21世纪会计系列规划教材
应用型

U0656826

企业会计综合实验

Qiye Kuaiji Zonghe Shiyan

（第二版）

孔令一　徐翔飞　主　编
朱淑梅　于晓雨　副主编

东北财经大学出版社
Dongbei University of Finance & Economics Press
大连

图书在版编目（CIP）数据

企业会计综合实验 / 孔令一，徐翔飞主编 . —2 版 . —大连：东北财经大学
出版社，2025.1

（21世纪会计系列规划教材·应用型）

ISBN 978-7-5654-5198-0

Ⅰ．企… Ⅱ．①孔… ②徐… Ⅲ．企业管理–会计–教材 Ⅳ．F275.2

中国国家版本馆CIP数据核字（2024）第060667号

东北财经大学出版社出版

（大连市黑石礁尖山街217号 邮政编码 116025）

网　　址：http://www.dufep.cn

读者信箱：dufep@dufe.edu.cn

大连图腾彩色印刷有限公司印刷　　东北财经大学出版社发行

幅面尺寸：205mm×285mm　　字数：422千字　　印张：18.5

2025年1月第2版　　　　　　　　2025年1月第1次印刷

责任编辑：高　铭　吴　茜　　　　　责任校对：一　心

封面设计：张智波　　　　　　　　　版式设计：原　皓

定价：49.00元

第二版前言

为培养社会经济建设需要的，具备扎实理论基础、较强专业知识和动手能力的高素质应用型会计专业人才，我们根据多年从事会计理论与实践教学的经验，编写了《企业会计综合实验》。依据党的二十大精神和最新颁布的企业会计准则、税收法规，我们对本书进行了修订。

本次修订的指导思想是：通过模拟实验使学生更好地掌握会计学的基本理论、基本方法和基本技能，提高学生动手能力。本书在编写过程中融合了作者多年的会计理论教学和实践经验。通过本书的学习，学生可以快速、全面地将会计学的基本知识融会贯通，提升会计实务操作能力。

本书以烟台蓝海机械有限公司2024年12月份的经济业务和1—11月的相关账户记录作为实验资料，业务范围涉猎广泛，包括采购—生产—销售、成本核算、材料成本差异结转、银行结算、贷款、投资、捐赠、纳税、财产清查等，体现了各类真实的经济业务，实践性及应用性很强。本书的实验内容主要包含原始凭证的填制与审核，记账凭证的填制与审核，日记账、明细账的登记，科目汇总表的编制，登记总账，填制报表，旨在让学生全面理解和掌握会计专业知识，将财务会计理论与实际应用相结合，从实际应用的角度出发，对学生进行理论联系实际的训练，为学生今后从事会计工作打下坚实的基础。

本书具有以下特点：

（1）使用最新税率编写。

（2）部分试行地区的发票选用国家税务总局试行的全面数字化电子发票（简称"全电发票"）。

（3）使用最新的财务报表格式。

（4）本书配有实验专用账簿。

（5）手工账操作与电算化操作同步进行：提供金蝶财务账套，基础数据完备，方便电算化教学。

（6）丰富的教学资源：本书配有原始凭证填写参考答案，会计分录、总账、日记账、明细账、科目汇总表、财务报表参考答案等。难度较高的业务核算均有详细的计算过程，并有实验大纲、实验教学日历、实验报告供老师参考。教师会员可登录东北财经大学出版社网站（http://www.dufep.cn）下载使用。

本书由孔令一、徐翔飞、朱淑梅、于晓雨、赵若辰、孙蕾蕾、姚禹齐、李满林编写。在教材编写过程中，参考和借鉴了大量相关实验教材成果，得到了东北财经大学出版社的大力支持，在此表示诚挚的谢意！

由于作者水平有限，加之税收法律规定变化较快，教材实验内容难免有疏漏之处，恳请读者提出改进意见，以便我们进一步修订和完善。

编　者

2024年9月

目 录

第一篇　实验公司概况

（一）公司基本信息

公司名称：烟台蓝海机械有限公司

纳税人识别号：913706129662085201

开户行：中国农业银行烟台莱山支行

银行账号：15376201040000181

地址：烟台市莱山区港城街100号

电话：0535-6900119

法定代表人：孔德翔

注册资金：柒佰捌拾伍万元整，股东持股情况见表1-1。

表1-1　　　　　　　　　　　　　股东持股情况

股东名称	投资资金（元）	持有股数（股）	所占注册资本百分比（％）
烟台创威机械制造有限公司	7 000 000	1 750 000	89.17
烟台鸿达机械设备有限公司	850 000	212 500	10.83

企业类型：有限责任公司（国内合资）

经营范围：生产与销售抗性消音器、铝合金油箱、有源消音器

（二）内部组织机构及人员分布

该公司的内部组织机构如图1-1所示。

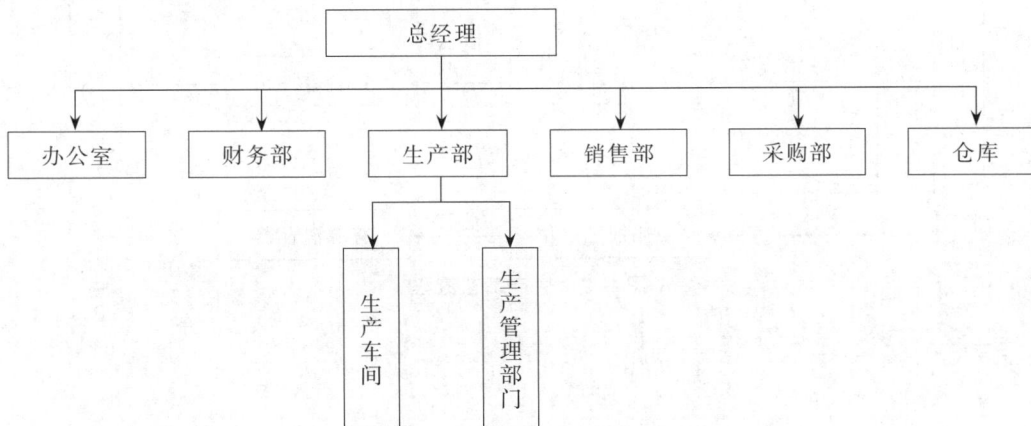

图1-1　公司内部组织机构

该公司各部门负责人及部门人数见表1-2。

表1-2　　　　　　　　　　　各部门负责人及部门人数

部门或职务	部门负责人	部门人数
总经理	孔德翔	1
办公室	张　晓	1
财务部	王志刚	3
生产部——生产车间	孙思泽	12
生产部——生产管理部门	宋小宝	1
销售部	宋鹏飞	2
采购部	于欣丽	2
仓　库	赵文斌	2
合　计	—	24

（三）对外长期股权投资

该公司对外长期股权投资见表1-3。

表1-3　　　　　　　　　　　对外长期股权投资

接受投资单位	注册资本（元）	出资比例	投入资本（元）
烟台海跃机械装备有限公司	2 000 000	30%	600 000

（四）生产工艺流程

该公司生产工艺流程如图1-2所示。

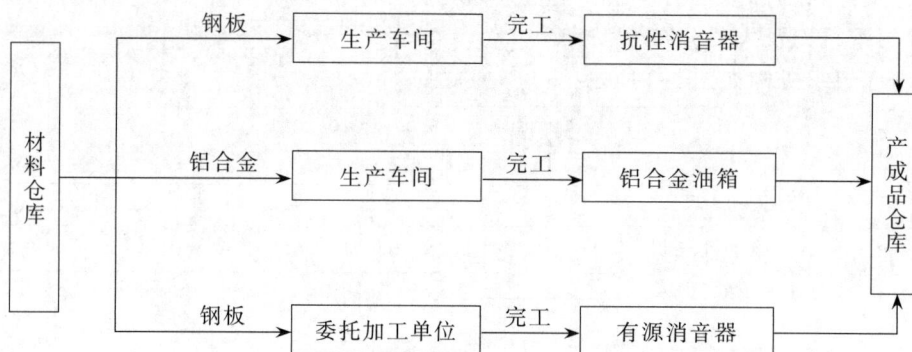

图1-2　生产工艺流程

第二篇　企业会计政策与核算规则

（一）账务处理程序

该公司采用科目汇总表账务处理程序，如图2-1所示。

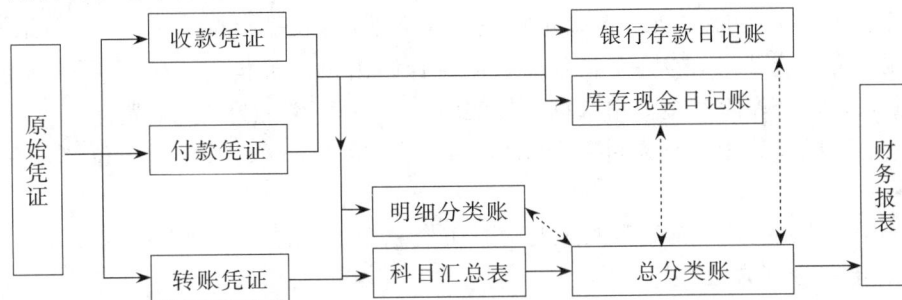

图2-1　账务处理程序

（二）交易性金融资产的确认与计量

金融资产满足下列条件之一的，表明企业持有该金融资产的目的是交易性的：①取得相关金融资产的目的主要是近期出售。②相关金融资产在初始确认时属于集中管理的可辨认金融工具组合的一部分，且有客观证据表明近期实际存在短期获利模式。③相关金融资产属于衍生工具。衍生金融工具形成的资产通常应划分为交易性金融资产，但符合财务担保合同定义的衍生工具以及被指定为有效套期工具的衍生工具除外。

交易性金融资产应当按照取得时的公允价值作为初始入账金额，相关的交易费用在发生时直接计入当期损益。企业取得债券并确认为交易性金融资产，在持有期间，应于每一资产负债表日或付息日计提债券利息，计入当期损益。企业取得股票并确认为交易性金融资产，在持有期间，如果同时符合下列条件，可以确认股利收入并计入当期损益：①企业收取股利的权利已经确立。②与股利相关的经济利益很可能流入企业。③股利的金额能够可靠计量。资产负债表日，交易性金融资产应按公允价值反映，公允价值的变动计入当期损益。

（三）债权投资的确认与计量

以摊余成本计量的债权投资，是指企业以购买债券等方式投放资本、分期或到期一次性向债务人收取利息并收回本金的一种投资方式，其确认必须同时满足以下条件：①企业管理该金融资产的业务模式是以收取合同现金流量为目标。②该金融资产的合同条款规定，在特定日期产生的现金流量，仅为对本金和以未偿付本金金额为基础的利息的支付。

债权投资应当按取得时的公允价值与相关交易费用之和作为初始入账金额。取得债权投资以后的会计期间，采用实际利率法，按摊余成本计量。

（四）备用金核算

采购员及其他职工出差预支差旅费，回公司后一次性结清。

（五）材料核算方法

1.原材料按计划成本进行日常核算，计划成本表详见"第五篇　建账资料"。"材料采购""材料成本差异"明细分类与原材料、低值易耗品明细分类相同，其分类项目为钢板、铝合金。

2.将钢板材料发出，委托加工单位加工成库存商品——有源消音器。该公司一般当月接到合同订单，当月向委托加工单位发出材料，当月加工完成。发出材料时，根据"委托加工材料出库单"核算钢板的材料成本差异。

3.生产车间领用材料时不核算材料成本差异，在月末根据本月"领料单"，编制"材料收发存汇总表"，计算材料成本差异率，核算材料成本差异，计入各产品生产成本。

4.每年12月份对原材料、库存商品等存货进行盘点清查，根据盘点结果编制盘盈盘亏报告单，报相关领导审批后在年末结账前处理完毕。

（六）基于薪酬的社会保险费、住房公积金和有关经费的计提

1.为该公司员工缴纳的基本养老保险费、失业保险费、基本医疗保险费、工伤保险费、生育保险费。假定烟台市企业职工社会保险2024年度月最低缴费基数为3 269元。其中：基本养老保险单位与个人缴纳比例分别为16%、8%；失业保险单位与个人缴纳比例分别为0.7%、0.3%；基本医疗保险单位与个人缴纳比例分别为7%、2%；工伤保险、生育保险由单位承担，比例均为1%。该公司每月13日收到当月的山东省社会保险基金专用票据，按实际金额核算相关社会保险费。

2.住房公积金计提基数为上月应付工资总额，计提比例为16%，其中，单位部分按8%计缴，职工个人部分按8%计缴。

3.工会经费由公司承担，计提基数为上月应付工资总额，计提比例为2%。

（七）水费、电费分配方法

1.水费、电费分配比例见表2-1。

表2-1 水费、电费分配比例

部 门	分配比例
生产车间	60%
生产管理部门	20%
行政管理部门	10%
销售部	10%
合 计	100%

2.水费、电费分配到生产车间的部分，根据生产各产品实际耗用的工时数按比例分配到各产品的生产成本。

3.办公室、财务部、采购部、仓库属于行政管理部门，其水电费记入"管理费用——水电费"科目。

（八）制造费用分配方法

制造费用根据生产各产品实际耗用的工时数按比例进行分配。

（九）产品生产成本核算方法

1.产品生产成本采用品种法进行计算，包含"燃料与动力""直接材料""直接人工""制造费用"。生产成本在完工产品和在产品之间的分配按照约当产量比例法，原材料在生产开始时一次性投入。

2.在产品约当产量计算公式：

在产品约当产量=在产品数量×在产品完工度

3.产品各道工序完工度见表2-2。

表2-2 产品各道工序完工度

产 品	第1道工序	第2道工序	第3道工序	第4道工序	第5道工序
抗性消音器	20%	30%	15%	25%	10%
铝合金油箱	30%	40%	10%	20%	——

（十）长期股权投资核算

本公司对其他单位的投资对被投资单位具有重大影响，采用权益法核算。

（十一）固定资产核算

1.固定资产是指同时具有下列特征的有形资产：①为生产商品、提供劳务、出租或经营管理而持有的。②使用寿命超过一个会计年度。

2.对固定资产采用直线法计提折旧。该公司固定资产按建筑物、机器设备、办公设备分类。各类固定资产的使用年限及净残值率见表2-3。

表2-3　　　　　　　　　　　　　　　固定资产使用年限及净残值率

固定资产种类	使用年限（年）	净残值率
建筑物	20	5%
机器设备	10	5%
办公设备	5	4%

3.固定资产清理应由生产车间提出报告，经技术人员鉴定，报相关领导审批后处理。

4.固定资产减值应由生产管理部门提出报告，经财务部门审核，报相关领导审批后处理。

（十二）无形资产核算

1.该公司有专利无形资产，按照实际成本进行初始计量，采用直线法计提摊销。

2.专利使用年限及净残值率见表2-4。

表2-4　　　　　　　　　　　　　　　专利使用年限及净残值率

无形资产	使用年限（年）	净残值率
专 利	10	5%

（十三）坏账准备核算

1.坏账准备采用备抵法核算。

2.不同账龄下，应收账款坏账准备计提比例见表2-5。

表2-5　　　　　　　　　　　　　　　应收账款坏账准备计提比例

账 龄	坏账准备计提率
1年以内	3%
1～2年	5%
2～3年	10%
3年以上	20%

（十四）所得税费用处理

所得税会计采用资产负债表债务法。比较有关资产和负债的账面价值与计税基础，对于两者之间存在的差异，分析其性质，除会计准则规定的特殊情况外，应分别按照应纳税暂时性差异和适用税率确定递延所得税负债的期末余额，按照可抵扣暂时性差异和适用税率确定递延所得税资产的期末余额，然后分别与递延所得税负债和递延所得税资产的期初余额进行比较，确认当期应予进一步确认或应予转回的递延所得税负债或递延所得税资产的金额，并根据二者的差额，确定递延所得税；按照适用税法规定计算确定当期应纳税所得额，以应纳税所得额乘以适用税率计算确定当期所得税；根据当期所得税和递延所得税，确定利润表中的所得税费用。

第三篇　应交税费及税率

（一）企业所得税

根据财政部、税务总局公告2023年第6号和2022年第13号的规定，本公司属于小型微利企业，对小型微利企业年应纳税所得额减按25%计入应纳税所得额，按20%的税率缴纳企业所得税。

（二）增值税

本公司属于增值税一般纳税人，涉税业务的主要增值税税率见表3-1。

表3-1　　　　　　　　　　　　　　　　主要增值税税率

税　种	收入类型	税　率
增值税	销售消音器、油箱	13%
	出售报废机器设备	13%
	出租厂房	9%

（三）城市维护建设税、教育费附加

城市维护建设税税率、教育费附加征收比率见表3-2。

表3-2　　　　　　　　　城市维护建设税税率、教育费附加征收比率

税　种	税　基	税　率（征收比率）
城市维护建设税	实际缴纳的增值税税额	7%
教育费附加	实际缴纳的增值税税额	3%

（四）房产税

房产税税率见表3-3。

表3-3　　　　　　　　　　　　　　　房产税税率

税　种	税　基	计税比例	税　率
房产税（建筑物自用部分）	建筑物自用部分原值	70%	1.2%
房产税（建筑物出租部分）	租金收入	—	12%

（五）城镇土地使用税

城镇土地使用税税率见表3-4。

表3-4　　　　　　　　　　　　　城镇土地使用税税率

税　种	土地等级	税　基	核定税额（元/平方米）
城镇土地使用税	城市土地——土地二级	土地面积	1.2

（六）个人所得税

个人所得税免征额为5 000元/月，且《中华人民共和国个人所得税法》规定子女教育、继续教育、大病医疗、住房贷款利息、住房租金、赡养老人和3岁以下婴幼儿照护等7项专项附加扣除，本公司员工在专项附加扣除后不超过个人所得税免征额，无须缴纳个人所得税。

第四篇　实验目的、程序及组织

（一）实验目的

通过对本实验教材的操作，学生能系统、全面地掌握工业企业会计核算的基本程序和具体方法，有利于加强对专业基本理论知识、基本方法的理解和运用，以及基本技能的训练，从而增强学生的职业判断能力和实践能力。本实验要求学生将所学专业知识进行整合，综合运用于会计实务，为他们即将从事的会计工作打下扎实的基础。

（二）实验程序

1.熟悉实验企业概况、会计政策及内部会计核算办法。

2.根据本实验教材"第五篇　建账资料"所提供的2024年12月初各账户余额，开设总分类账、明细分类账及库存现金日记账、银行存款日记账，将期初余额记入余额栏内，在摘要栏中填写"期初余额"。该公司本月涉及的所有总账、明细账的科目均在"第五篇　建账资料"中列出，以避免学生建账时出错。

3.根据实验所提供资料，整理或填制有关经济业务的原始凭证，分类编制记账凭证的收款凭证、付款凭证和转账凭证，并将原始凭证附于有关的记账凭证之后。

对于现金、银行存款之间的收付业务，以贷项为主，只编制付款凭证。

各类记账凭证分别按顺序编号，见表4-1。

表4-1　　　　　　　　　　　　各类记账凭证种类及凭证序号

凭证种类	凭证序号
现金收款凭证	现收1、现收2……
现金付款凭证	现付1、现付2……
银行存款收款凭证	银收1、银收2……
银行存款付款凭证	银付1、银付2……
转账凭证	转1、转2……

4.根据收款凭证、付款凭证登记库存现金日记账、银行存款日记账。

发现错账，应根据具体情况，分别采用划线更正法、红字更正法和补充登记法更正错账，切勿刮、擦、挖、补、涂改。

5.根据所编记账凭证及所附原始凭证，按顺序登记有关明细账。

6.按照本实验教材所述该公司核算方法及程序，根据本月收料单、领料单计算本月材料成本差异率，并据以编制汇总收料与结转差异、汇总发料及分摊差异的记账凭证。

7.按产品工时分配生产车间、生产工人工资薪酬以及发生的制造费用，编制分配表和有关分配结转的记账凭证。

8.根据本实验教材所述该公司核算流程和规定，编制产品成本计算表，并据以编制产成品、在产品成本分配表等结转成本的记账凭证。

9.按本实验教材"第三篇　应交税费及税率"的要求，计提各种税费，编制有关记账凭证。

10.按权责发生制要求计算、结转损益并进行利润分配，编制有关记账凭证。

11.根据记账凭证定期于每月15日、月末编制科目汇总表，并利用科目汇总表进行试算平衡。

12.根据科目汇总表登记各总分类账户（包括各有关的损益类账户）。

13.结出各类账簿或账户的本期发生额及期末余额，将总分类账与有关明细分类账、日记账进行核对。

14.根据核对相符的总分类账、明细分类账以及本实验教材提供的1—11月份相关数据，编制资产负债表、利润表、现金流量表和所有者权益（股东权益）变动表。

15.根据该公司财务数据进行财务报表分析。

16.将收、付、转凭证分别按编号顺序排列，折叠整齐，加具封面，装订成册。账页、报表也应分别加具封面，装订成册。

17.本实验教材提供用友、金蝶期初账套数据，在做完手工实验的基础上进行会计电算化实验，编制记账凭证、登记账簿和编制财务报表。

（三）实验组织

1.该实验教材分手工实验和电算化实验两部分。手工实验可以设置72课时左右，电算化实验可以设置24课时左右。

2.应配备专职实验指导教师，组织和指导实验的全过程，并根据学生完成实验的质量给予评分。

3.该实验教材让每位学生独立完成一套账的全部工作，有利于系统、全面地熟悉和掌握整个企业的会计实务，扎实地提高实践技能。

第五篇　建账资料

（一）总分类账期初余额

2024年12月1日，烟台蓝海机械有限公司总分类账科目及期初余额见表5-1[①]。

表5-1　　　　　　　　　　总分类账科目及期初余额　　　　　　　　　　单位：元

总账科目	借贷方向	借　方	贷　方
库存现金	借	7 100.00	
银行存款	借	1 407 418.47	
其他货币资金	借	140 000.00	
交易性金融资产	借	994 500.00	
应收票据	借	75 000.00	
应收账款	借	1 122 264.71	
坏账准备	贷		50 000.00
应收股利	平		
应收利息	平		
其他应收款	借	15 402.80	
预付账款	借	30 000.00	
材料采购	平		
原材料	借	411 250.00	
材料成本差异	贷		1 000.00
库存商品	借	1 300 207.70	
委托加工物资	平		
长期股权投资	借	600 000.00	
债权投资	借	206 000.00	
固定资产	借	7 805 822.00	
累计折旧	贷		1 685 168.33

---

　　① 总分类账余额为0的科目是指期初余额为0的永久性总账科目以及期末结转的损益类总账科目。这些科目虽然期初余额为0，但在12月份的经济业务中需要用到，为方便做账，学生在建账时可将期初余额为0的总账科目先行建好。

总账科目	借贷方向	借　方	贷　方
固定资产减值准备	平		
固定资产清理	平		
无形资产	借	480 000.00	
累计摊销	贷		60 000.00
递延所得税资产	借	5 000.00	
待处理财产损溢	平		
应付票据	贷		140 000.00
应付账款	贷		671 024.10
预收账款	贷		5 504.57
应付职工薪酬	贷		91 522.00
应交税费	贷		77 321.50
应付利息	贷		33 825.00
应付股利	平		
其他应付款	贷		50 550.00
长期借款	贷		820 000.00
递延所得税负债	贷		9 450.00
实收资本	贷		7 850 000.00
资本公积	贷		280 000.00
盈余公积	贷		470 104.70
本年利润	贷		1 810 000.00
利润分配	贷		922 629.54
生产成本	借	428 134.06	
制造费用	平		
主营业务收入	平		
其他业务收入	平		
投资收益	平		
公允价值变动损益	平		
资产减值损失	平		

总账科目	借贷方向	借　方	贷　方
信用减值损失	平		
主营业务成本	平		
其他业务成本	平		
税金及附加	平		
销售费用	平		
管理费用	平		
财务费用	平		
营业外支出	平		
所得税费用	平		
合　计	—	15 028 099.74	15 028 099.74

（二）永久性账户明细分类账期初余额

2024年12月1日，烟台蓝海机械有限公司永久性账户明细分类账科目及期初余额见表5-2①。

表5-2　　　　　　　　　　永久性账户明细分类账科目及期初余额　　　　　　　　　单位：元

总账科目	明细科目	借贷方向	余　额	账户类型
库存现金		借	7 100.00	日记账
银行存款	中国农业银行	借	1 407 418.47	日记账
其他货币资金	承兑保证金	借	140 000.00	三栏式
交易性金融资产	股票投资——浪潮软件——成本	借	900 000.00	三栏式
	股票投资——浪潮软件——公允价值变动	借	94 500.00	三栏式
应收票据	银行承兑汇票——威海华山机械有限公司	借	75 000.00	三栏式
	银行承兑汇票——济南邦瑞机电有限公司	平	0	三栏式
	银行承兑汇票——济南信达汽车配件有限公司	平	0	三栏式
应收账款	威海华山机械有限公司	借	336 599.00	三栏式
	济南信达汽车配件有限公司	借	430 000.00	三栏式
	济南邦瑞机电有限公司	借	350 299.71	三栏式
	潍坊和兴机械有限公司	借	5 366.00	三栏式

---

① 明细分类账科目余额为0的科目是指期初余额为0，但在12月份的经济业务中需要用到，学生在建账时可将期初余额为0的明细账科目名称先行建好。

总账科目	明细科目	借贷方向	余　额	账户类型
坏账准备	应收账款	贷	50 000.00	三栏式
应收股利		平	0	三栏式
应收利息		平	0	三栏式
其他应收款	李强	平	0	三栏式
	重庆恒星钢材有限公司	平	0	三栏式
	基本养老保险费	借	6 276.48	三栏式
	失业保险费	借	235.44	三栏式
	基本医疗保险费	借	1 569.12	三栏式
	住房公积金	借	7 321.76	三栏式
预付账款	青岛亿丰工业有限公司	借	30 000.00	三栏式
材料采购	钢板	平	0	材料采购明细账
	铝合金	平	0	材料采购明细账
原材料	钢板	借	245 000.00	数量金额式
	铝合金	借	166 250.00	数量金额式
材料成本差异	钢板	贷	3 500.00	三栏式
	铝合金	借	2 500.00	三栏式
库存商品	抗性消音器	借	843 094.00	数量金额式
	铝合金油箱	借	457 113.70	数量金额式
	有源消音器	平	0	数量金额式
委托加工物资	有源消音器	平	0	三栏式
长期股权投资	烟台海跃机械装备有限公司——成本	借	600 000.00	三栏式
	烟台海跃机械装备有限公司——损益调整	平	0	三栏式
债权投资	债券投资——成本	借	200 000.00	三栏式
	债券投资——利息调整	借	6 000.00	三栏式
固定资产	建筑物	借	2 660 000.00	三栏式
	机器设备	借	4 858 272.00	三栏式
	办公设备	借	287 550.00	三栏式

总账科目	明细科目	借贷方向	余　额	账户类型
累计折旧	建筑物	贷	665 000.00	三栏式
	机器设备	贷	931 168.33	三栏式
	办公设备	贷	89 000.00	三栏式
固定资产减值准备		平	0	三栏式
固定资产清理		平	0	三栏式
无形资产	专利	借	480 000.00	三栏式
累计摊销	专利	贷	60 000.00	三栏式
递延所得税资产		借	5 000.00	三栏式
待处理财产损溢	待处理流动资产损溢	平	0	三栏式
应付票据	银行承兑汇票——烟台伟业有限公司	贷	90 000.00	三栏式
	银行承兑汇票——青岛广源钢材有限公司	贷	50 000.00	三栏式
	银行承兑汇票——重庆恒星钢材有限公司	平	0	三栏式
应付账款	烟台伟业有限公司	贷	409 024.10	三栏式
	济南飞达工业集团	贷	262 000.00	三栏式
	莱山区供水总公司	平	0	三栏式
	烟台市供电公司	平	0	三栏式
预收账款	烟台神通电气有限公司	贷	5 504.57	三栏式
	济南信达汽车配件有限公司	平	0	三栏式
应付职工薪酬	工资	贷	91 522.00	三栏式
	社会保险金	平	0	三栏式
	工会经费	平	0	三栏式
	住房公积金	平	0	三栏式
应交税费	应交增值税	平	0	应交税费——应交增值税明细账
	未交增值税	贷	62 565.00	三栏式
	应交个人所得税	平	0	三栏式
	应交城市维护建设税	贷	4 379.55	三栏式
	应交教育费附加	贷	1 876.95	三栏式
	应交企业所得税	贷	8 500.00	三栏式
	应交房产税	平	0	三栏式
	应交城镇土地使用税	平	0	三栏式

总账科目	明细科目	借贷方向	余 额	账户类型
应付利息	长期借款利息	贷	33 825.00	三栏式
应付股利		平	0	三栏式
其他应付款	保证金	贷	50 550.00	三栏式
长期借款	中国工商银行	贷	820 000.00	三栏式
递延所得税负债		贷	9 450.00	三栏式
实收资本	烟台创威机械制造有限公司	贷	7 000 000.00	三栏式
	烟台鸿达机械设备有限公司	贷	850 000.00	三栏式
	烟台宝峰专用车有限公司	平	0	三栏式
资本公积	其他资本公积	贷	280 000.00	三栏式
	资本溢价	平	0	三栏式
盈余公积	法定盈余公积	贷	235 052.35	三栏式
	任意盈余公积	贷	235 052.35	三栏式
本年利润		贷	1 810 000.00	三栏式
利润分配	提取法定盈余公积	平	0	三栏式
	提取任意盈余公积	平	0	三栏式
	应付股利	平	0	三栏式
	未分配利润	贷	922 629.54	三栏式
生产成本	抗性消音器	借	256 777.27	多栏式
	铝合金油箱	借	171 356.79	多栏式

（三）临时性账户明细分类账

2024年12月1日，烟台蓝海机械有限公司临时性账户明细分类账科目见表5-3①。

表5-3　　　　　　　　　　　临时性账户明细分类账科目　　　　　　　　　　　单位：元

总账科目	明细科目	借或贷	余 额	账户类型
主营业务收入	抗性消音器	平	0	三栏式
	铝合金油箱	平	0	三栏式
	有源消音器	平	0	三栏式
其他业务收入	固定资产出租	平	0	三栏式

---

① 临时性账户的明细分类账已在11月30日结转损益，因此，期初余额均为0。为防止学生漏登临时性账户明细分类账，建议学生在建账时，先行将临时明细分类账的科目建好。

总账科目	明细科目	借或贷	余　额	账户类型
投资收益		平	0	三栏式
公允价值变动损益		平	0	三栏式
资产减值损失		平	0	三栏式
信用减值损失		平	0	三栏式
主营业务成本	抗性消音器	平	0	三栏式
	铝合金油箱	平	0	三栏式
	有源消音器	平	0	三栏式
其他业务成本	固定资产出租	平	0	三栏式
税金及附加		平	0	三栏式
销售费用	广告费	平	0	多栏式
	职工薪酬	平	0	多栏式
	水电费	平	0	多栏式
管理费用	差旅费	平	0	多栏式
	办公费用	平	0	多栏式
	业务招待费	平	0	多栏式
	职工薪酬	平	0	多栏式
	水电费	平	0	多栏式
	折旧	平	0	多栏式
	其他	平	0	多栏式
财务费用	利息支出	平	0	多栏式
	利息收入	平	0	多栏式
	其他	平	0	多栏式
营业外支出	捐赠支出	平	0	三栏式
	处置固定资产净损失	平	0	三栏式
所得税费用	当期所得税费用	平	0	三栏式
	递延所得税费用	平	0	三栏式

（四）数量金额式账户期初余额

数量金额式账户期初余额见表5-4。

表 5-4 数量金额式账户期初余额 金额单位：元

总　账	明　细	数　量	单　价	借贷方向	金　额
原材料	钢板	70 吨	3 500.00	借	245 000.00
	铝合金	12.5 吨	13 300.00	借	166 250.00
库存商品	抗性消音器	3 430 件	245.80	借	843 094.00
	铝合金油箱	1 187 件	385.10	借	457 113.70
	有源消音器	0		平	0

（五）生产成本多栏式账户期初余额

生产成本多栏式账户期初余额见表 5-5。

表 5-5 生产成本多栏式账户期初余额 单位：元

明　细	直接材料	直接动力	直接人工	制造费用	合　计
抗性消音器	184 326.86	1 719.66	40 487.26	30 243.49	256 777.27
铝合金油箱	108 989.13	1 480.34	34 852.74	26 034.58	171 356.79

（六）制造费用明细项目

该公司制造费用明细项目见表 5-6。

表 5-6 制造费用明细项目

项　目	职工薪酬	折　旧	办公费用	水电费	其　他	合　计

第六篇　2024年12月份发生的经济业务

（共计64项）

（1）12月1日，签发一张支票，从中国农业银行提取现金2 500元备用。（凭证1）

课堂拓展6-1

（2）12月1日，购买69吨钢板材料，收到重庆恒星钢材有限公司开具的增值税专用发票（号码：23507000000121896563），发票列明价款238 050元，税额30 946.50元。材料已验收入库，从银行存款账户往公司承兑保证金账户转款270 000元办理电子银行承兑汇票，支付给重庆恒星钢材有限公司，多出的金额1 003.50元暂作"其他应收款——重庆恒星钢材有限公司"处理。公司钢板材料的计划成本为3 500元/吨。（凭证2-1、凭证2-2、凭证2-3）

（3）12月2日，重庆恒星钢材有限公司通过企业网上银行转来金额1 003.50元，系结清用电子银行承兑汇票采购钢板的余款。（凭证3）

（4）12月3日，销售给威海华山机械有限公司抗性消音器，并开出增值税专用发票（号码：3700233130），列明价款936 460.18元，税额121 739.82元，货已发出，货款尚未收到。销售合同约定付款期限为交付货物后30天内，付款条件为"2/10，N/30"，按含增值税的价款计算现金折扣。公司根据客户以往付款情况及客户现时经营状况，估计威海华山机械有限公司很可能无法获得现金折扣。（凭证4，提示：成本结转月末一次进行）

（5）12月4日，用银行存款支付11月份各项税费77 321.50元。其中，未交增值税62 565元，应交城市维护建设税4 379.55元，应交教育费附加1 876.95元，应交企业所得税8 500元。（凭证5-1、凭证5-2、凭证5-3、凭证5-4、凭证5-5、凭证5-6）

（6）12月4日，威海华山机械有限公司发来函电，其购买的部分抗性消音器出现产品质量与合同要求质量不符的情况，提出给予价款1%的折让。公司同意给予折让并开出红字专用发票（号码：03349234）。（凭证6）

（7）12月5日，采购员李强到济南出差，预借差旅费2 000元，以现金付讫。（凭证7）

（8）12月6日，向济南飞达工业集团购入8吨铝合金原材料，收到增值税专用发票（号码：07660548），货款为108 000元，税额为14 040元，材料款未付。我公司铝合金材料的计划成本为13 300元/吨。该批材料委托德邦物流股份有限公司运输。我公司承担运费，材料已验收入库，收到物流公司开出的增值税专用发票（号码：07640155），运费金额300元，税额27元，用现金付讫。（凭证8-1、凭证8-2、凭证8-3、凭证8-4、凭证8-5）

（9）12月7日，采购员李强出差回来，报销差旅费1 550元，差旅费余款退回现金450元。（凭证9-1、凭证9-2、凭证9-3、凭证9-4，提示：采购差旅费记入"管理费用——差旅费"科目）

（10）12月7日，支付本年长期借款利息共计36 900元，其中，支付本月利息3 075元，支付1—11月已计提利息33 825元。长期借款的名义利率与实际利率相同。（凭证10-1、凭证10-2）

（11）12月8日，收到济南信达汽车配件有限公司的电子银行承兑汇票一张，付讫上月发出的货款，金额为430 000元，到期日为2025年3月8日，电子汇票已在网银中签收。（凭证11）

（12）12月9日，购买办公用品A4打印纸，收到上海晨光文具股份有限公司开出的增值税专用发票（号码：23317000000085432944），价款929.20元，税额120.80元，通过网上银行支付。A4打印纸直接交付各部门使用。（凭证12-1、凭证12-2、凭证12-3，提示：生产车间领用记入"制造费用

——办公费用"，行政管理部门与财务部领用记入"管理费用——办公费用"科目）

（13）12月10日，委托烟台富盛机电有限公司加工有源消音器160件，发出委托加工的原材料钢板10吨，我公司钢板的计划成本为3 500元/吨。（凭证13，提示：对于委托加工的出库材料，直接核算"材料成本差异——钢板"）

（14）12月11日，公司行政管理部门发生业务招待费490元，收到增值税电子普通发票一张，以现金付讫。（凭证14）

（15）12月12日，收到威海华山机械有限公司签发的转账支票一张，金额1 026 665.64元，用来偿还本月3日所欠货款，销售合同约定的信用条件为"2/10，N/30"，享受2%的现金折扣。支票已存入中国农业银行。（凭证15，提示：该公司现金折扣的会计处理采用总价法，现金折扣冲减"主营业务收入——抗性消音器"，现金折扣=1 058 200×（1-1%）×2%=20 952.36（元））

（16）12月12日，收到济南信达汽车配件有限公司签发的转账支票20 000元，系订购铝合金油箱的预付款。（凭证16）

（17）12月13日，收到烟台市社会保险服务中心发来的职工社会保险基金结算表，我公司已办理银行托管业务，银行账户扣款完成社会保险金缴纳。（凭证17-1、凭证17-2，提示：2024年度，烟台市企业职工社会保险月最低缴费基数为3 269元，我公司按烟台市最低缴费基数为职工缴纳社会保险金。其中，基本养老保险单位与个人缴纳比例分别为16%、8%；失业保险费单位与个人缴纳比例分别为0.7%、0.3%；基本医疗保险单位与个人缴纳比例分别为7%、2%；工伤保险费、生育保险费由单位承担，比例均为1%。计算时，首先要算出每个员工的各项缴费金额，保留2位小数）

（18）12月13日，通过企业网上银行缴纳住房公积金，金额为14 643.52元。（凭证18-1、凭证18-2，提示：住房公积金缴存基数为上月应付工资总额，缴存比例为16%，其中，单位部分按8%计缴，职工个人部分按8%计缴）

（19）12月13日，缴纳工会经费，金额1 830.44元，现金付讫。（凭证19，提示：工会经费按上月应付工资总额的2%缴纳）

（20）12月14日，收到烟台海源广告策划有限公司开来的增值税专用发票（号码：07660339），列明价款3 773.59元，税额226.41元。我公司开出转账支票支付广告费。（凭证20-1、凭证20-2、凭证20-3）

（21）12月15日，烟台神通电气有限公司与我公司续签厂房租赁协议，继续租用我公司部分厂房，并开出转账支票一张，预付明年1—6月的租金，送存中国农业银行。我公司开给烟台神通电气有限公司一张增值税专用发票（号码：03349235），金额33 027.52元，税额2 972.48元。（凭证21-1、凭证21-2）

（22）12月15日，销售给济南信达汽车配件有限公司铝合金油箱，并开出增值税专用发票（号码：03349236），列明价款340 707.96元，税额44 292.04元。货已发出，收到对方交来金额为385 000元的转账支票。（凭证22-1、凭证22-2，提示：成本结转月末一次进行）

（23）12月16日，向上海安泰机床有限公司购进机床一台，收到增值税专用发票（号码：2317000000033456891），列示设备价款159 292.04元，税额20 707.96元，用银行存款全额支付。设备已达到预定可使用状态，直接交生产车间使用。（凭证23-1、凭证23-2）

（24）12月16日，因潍坊和兴机械有限公司破产，应收该公司5 366元不能收回，经批准，确认为坏账并予以核销。（凭证24，提示：我公司采用备抵法核算坏账准备）

（25）12月16日，开出转账支票向烟台市儿童福利院直接捐赠10 000元。（凭证25-1、凭证25-2）

（26）12月17日，根据11月份的"工资结算汇总表"，通过企业网上银行支付11月份工资，并结转社会保险与住房公积金中个人的代扣代缴部分。其中，工资总额为91 522元，代扣代缴社会保险为8 081.04元，代扣代缴公积金为7 321.76元，实发工资为76 119.20元。（凭证26-1、凭证26-2，提示：

我公司通过企业网上银行支付员工工资，原始凭证附工资结算汇总表与一名员工的工资回单，其他员工的工资回单略）

（27）12月18日，收到中国农业银行转来的莱山区供水总公司的专用托收凭证，付讫款项共计2 048元。已从莱山区供水总公司取得增值税专用发票（号码：07660562），列明金额1 812.39元，税额235.61元。（凭证27-1、凭证27-2、凭证27-3，提示：我公司在月底结转水费，交纳水费时记入"应付账款——莱山区供水总公司"科目）

（28）12月18日，收到中国农业银行转来的烟台市供电公司专用托收凭证，付讫款项共计3 012元。从烟台市供电公司取得增值税专用发票（号码：07660680），列明价款2 665.49元，税额346.51元。（凭证28-1、凭证28-2、凭证28-3，提示：我公司在月底结转电费，交纳电费时记入"应付账款——烟台市供电公司"科目）

（29）12月19日，生产车间的一台数控机床，因重要部件磨损严重，降低了产品合格率，经批准报废转入清理。该设备原值为35 000元，净残值率5%，已使用8年，累计折旧为26 600元。（凭证29，提示：当月报废的固定资产当月继续计提折旧，该数控机床累计折旧26 600元已包含其本月折旧费）

（30）12月20日，收到济南邦瑞机电有限公司签发的银行承兑汇票一张，支付前欠货款，金额为300 000元，到期日为2025年6月20日。（凭证30）

（31）12月21日，将已报废的数控机床出售给烟台市废品回收公司，开出增值税专用发票（号码：03349237），列明价款3 849.56元，税额500.44元，收到烟台市废品回收公司开具的转账支票一张，金额4 350元。我公司当天将支票存入中国农业银行。此项设备清理完毕，结转清理净损益。（凭证31-1、凭证31-2，提示：出售报废数控机床开出增值税专用发票后，需根据增值税销项税额分别按7%、3%核算城市维护建设税与教育费附加）

（32）12月22日，收到中国农业银行结算存款利息的通知，我公司第四季度银行存款利息收入为1 572.35元。（凭证32）

（33）12月22日，签发中国农业银行转账支票一张，金额为9 000元，向烟台富盛机电有限公司结算160件有源消音器的加工费，收到增值税专用发票（号码：07660129），列明加工费7 964.60元，税额1 035.40元。支票已送存银行。（凭证33-1、凭证33-2、凭证33-3）

（34）12月23日，年末财产清查，发现盘亏库存商品抗性消音器15件。抗性消音器的成本为245.80元/件，盘亏金额为3 687.00元。盘亏责任待查。（凭证34）

（35）12月24日，向烟台伟业有限公司签发的电子银行承兑汇票到期，金额为90 000元。（凭证35，提示：该银行承兑汇票款项已划入我公司"其他货币资金——承兑保证金"账户）

（36）12月25日，经调查发现，23日财产清查时盘亏的15件抗性消音器是由于仓库管理员刘天宇失误造成的。经领导批准决定，80%的盘亏损失计入公司管理费用，20%的盘亏损失由仓库管理员刘天宇赔偿。赔偿金额已现金收讫。（凭证36-1、凭证36-2）

（37）12月26日，向济南邦瑞机电有限公司出售160件有源消音器，并开出增值税专用发票（号码：03349238），列明价款53 805.31元，税额6 994.69元。货已发出，货款未收。（凭证37，提示：成本结转月末一次进行）

（38）12月27日，因潍坊和兴机械有限公司破产，我公司于12月16日已将该公司的应收款项金额5 366元转销。在潍坊和兴机械有限公司破产清算过程中，收回该应收款项的30%，金额为1 609.8元，款项已存入中国农业银行。（凭证38）

（39）12月28日，现金付讫增值税税控系统技术维护费280元，收到增值税电子普通发票一张（号码：65802356）。将该技术维护费抵减增值税应纳税额。（凭证39-1、凭证39-2，提示：增值税税控系统技术维护费可在增值税应纳税额中全额减免，记入"应交税费——应交增值税（减免税额）"科目）

（40）12月29日，确认烟台神通电气有限公司12月份的厂房租金收入，金额5 504.57

元。（凭证40，提示：房租收入每半年支付一次，记入"预收账款"科目，每月确认收入）

（41）12月30日，依据我公司与烟台宝峰专用车有限公司达成的投资协议，烟台宝峰专用车有限公司向我公司投入价值170 000元铣床设备一台。我公司收到烟台宝峰专用车有限公司开具的增值税专用发票（号码：07660239）一张，列明价款150 442.48元，税额19 557.52元。铣床设备已交付我公司生产车间；我公司收到烟台宝峰专用车有限公司投入的货币资金50 000元，资金已存入中国农业银行。烟台宝峰专用车有限公司投入我公司实收资本200 000元。（凭证41-1、凭证41-2、凭证41-3，提示：资本溢价=50 000+170 000-200 000=20 000（元），记入"资本公积——资本溢价"科目）

（42）12月31日，对本年1月1日购买的公司债券进行计息。该债券面值为200 000元，票面利率为6%，按年计息，于次年1月6日付息，3年后到期一次还本。公司采用的实际利率为4.9%。该债券发行方不允许提前赎回，公司将其划分为以摊余成本计量的金融资产，年初摊余成本为206 000元。（凭证42）

（43）12月31日，查明生产车间一台锻压机床的账面价值为33 154元，因其工艺技术较落后，预计可收回金额为30 000元。计提固定资产减值准备。（凭证43）

（44）12月31日，计提坏账准备。用应收账款账龄法计算年末坏账准备，应计提坏账准备金额为1 345.82元。（凭证44）

（45）12月31日，持有的交易性金融资产浪潮软件的收盘价为22.60元/股。计算交易性金融资产公允价值变动损益。（凭证45）

（46）12月31日，收到被投资单位烟台海跃机械装备有限公司报送的本年度利润表及董事会关于利润分配的决议。烟台海跃机械装备有限公司本年实现净利润96 000元，宣告分配现金股利30 000元。我公司出资比例为30%。取得投资时，烟台海跃机械装备有限公司各项可辨认资产等的公允价值与其账面价值相等。我公司对该项长期股权投资采用权益法进行后续核算，并按年确认投资收益。（凭证46）

课堂拓展6-3

尊重人民首创精神　加强职工薪酬核算

（47）12月31日，分摊职工薪酬费用。12月份工资结算汇总表见凭证47-1。工资总额为91 522元，公司承担社会保险金20 163.12元，公司承担住房公积金7 321.76元，公司承担工会会费1 830.44元，具体分配见凭证47-3、凭证47-4、凭证47-5、凭证47-6。各产品的生产成本共用职工薪酬费用采用实耗生产工时比例进行分配，见凭证47-2。（凭证47-1、凭证47-2、凭证47-3、凭证47-4、凭证47-5、凭证47-6）

（48）12月31日，分配结转12月份水费。水费按部门分摊，分摊率见凭证48。12月份水费总额为1 812.39元。各产品的共用水费采用实耗生产工时比例进行分配。（凭证48）

（49）12月31日，分配结转12月份电费。电费按部门分摊，分摊率见凭证49。12月份电费总额为2 665.49元。各产品的共用电费采用实耗生产工时比例进行分配。（凭证49）

课堂拓展6-4

2019年固定资产加速折旧优惠政策

（50）12月31日，固定资产采用直线法计提折旧。建筑物原值为2 660 000元，使用年限为20年，残值率为5%；机器设备原值为4 858 272元，使用年限为10年，残值率为5%；办公设备原值为287 550元，使用年限为5年，残值率为4%。（凭证50-1、凭证50-2，提示：出租部分建筑物折旧记入"其他业务成本——固定资产出租"科目，建筑物折旧分配比例为制造费用70%、管理费用20%、其他业务成本10%）

（51）12月31日，计提无形资产摊销。专利原值为480 000元，使用年限为10年，残值率为5%，采用直线摊销法。（凭证51，提示：摊销费用记入"管理费用——摊销"科目）

（52）12月31日，根据本月材料领用单，分配直接材料。（凭证52-1、凭证52-2、凭证52-3、凭证52-4、凭证52-5、凭证52-6、凭证52-7、凭证52-8、凭证52-9、凭证52-10、凭证52-11）

（53）12月31日，分配结转制造费用。结转前制造费用的余额为55 539.79元，其中，"制造费用——办公费用"为464.60元，"制造费用——水电费"为895.58元，"制造费用——职工薪酬"为6 507.55元，"制造费用——折旧"为47 672.06元。各产品的生产成本共用制造费用采用实耗生产工时比例进行分配。（凭证53）

（54）12月31日，结转本月完工产品。截至月底，抗性消音器的完工产品数量为1 250件，铝合金油箱的完工产品数量为450件。抗性消音器在产品第4道工序结束，完成率为90%；铝合金油箱在产品第3道工序结束，完成率为80%。（凭证54-1、凭证54-2、凭证54-3、凭证54-4、凭证54-5、凭证54-6、凭证54-7、凭证54-8、凭证54-9、凭证54-10、凭证54-11、凭证54-12、凭证54-13、凭证54-14）

（55）12月31日，采用加权平均法结转各产品主营业务成本。（凭证55-1、凭证55-2、凭证55-3、凭证55-4、凭证55-5）

（56）12月31日，计算并结转本月应交未交增值税。（凭证56）

（57）12月31日，计提本月城市维护建设税、教育费附加。（凭证57-1、凭证57-2）

（58）12月31日，计提本季度城镇土地使用税、房产税。房产原值为2 660 000元，其中，出租房产原值为266 000元。自用房产税计税比例为70%，税率为1.2%。出租房产第四季度收入为13 761.42元，税率为12%。土地等级：城市土地——土地二级，税额标准为8元/平方米，土地总面积为2 600平方米。（凭证58-1、凭证58-2）

（59）12月31日，期末将各项收益及各项成本费用结转至"本年利润"账户。（凭证59-1、凭证59-2）

（60）12月31日，计算所得税费用。对本月利润总额进行纳税调整，计算本月应交所得税税额，确认递延所得税资产和负债的增减变动，确认本月的所得税费用。该公司全年职工薪酬属于按照企业所得税法规定允许税前扣除的职工薪酬支出。1—11月累计销售收入为10 905 248.54元，1—11月累计业务招待费为8 440元。1—11月无其他应纳税调整事项，该公司的所有纳税调整事项均在12月份进行，并估计未来能够取得足够的应纳税所得额供利用可抵扣暂时性差异。（凭证60-1、凭证60-2）

课堂拓展6-5

创新赋能企业发展

（61）12月31日，结转所得税费用20 641.23元至"本年利润"账户。（凭证61）

（62）12月31日，根据股东大会决议，分别按全年税后利润2 032 731.55元的10%提取法定盈余公积，按10%提取任意盈余公积。（凭证62）

（63）12月31日，根据股东大会决议，按出资比例向投资方分配股利300 000元。现金股利尚未发放。（凭证63）

（64）12月31日，结转本年净利润与本年已分配利润。将"本年利润"结转至"利润分配——未分配利润"账户，将"利润分配"其余各明细账户的余额转入"利润分配——未分配利润"账户。（凭证64）

第七篇　实验原始凭证

凭证 1

中国农业银行
现金支票存根
10201190
49860450

烟台证券印制有限公司·2024 年印制

附加信息

出票日期 2024 年 12 月 01 日	
收款人：烟台蓝海机械有限公司	
金　额：¥2 500.00	
用　途：提取备用金	
单位主管：王志刚　会计：张翠花	

凭证 2-1

电子发票（增值税专用发票）

发票号码：23057000000121896563
开票日期：2024 年 12 月 01 日

下载次数：1

购买方信息	名称：烟台蓝海机械有限公司 统一社会信用代码/纳税人识别中与：913706129662085201	销售方信息	名称：烟台蓝海机械有限公司 统一社会信用代码/纳税人识别中与：91550115781577567

项目名称	规格型号	单位	数量	单价	金额	税率	税额
*黑色金属冶炼压延品*钢板		吨	69	3 485.00	238 050.00	13%	30 946.50
合　计					¥238 050.00		¥30 946.50
价税合计（大写）	⊗贰拾陆万捌仟玖佰玖拾陆圆伍角整				（小写）¥268 996.50		

备注	订单号：2306226961453

开票人：王林

电子银行承兑汇票

中国农业银行
AGRICULTURAL BANK OF CHINA

出票日期：2024-12-01
汇票到期日：2025-03-01

票据状态：已签收
票据号码：13134560882022018062521337 7862

出票人	账　　号	15376201040000181	收款方	账　　号	31370334400005578
	全　　称	烟台蓝海机械有限公司		全　　称	重庆恒星钢材有限公司
	开 户 行	中国农业银行烟台莱山区支行		开 户 行	中国农业银行重庆海港路支行
	开户行号	103456039410		开户行号	103653001022
出票人保证信息	保证人账号： 保证人名称：		保证人开户行： 保证人开户行号：		
票据金额	小写：270 000.00		人民币（大写）：贰拾柒万元整		
承兑人	承兑人账号：— 承兑人名称：中国农业银行股份有限公司烟台莱山区支行		承兑人开户行： 承兑人开户行号：103456039410		
交易合同号：	—		承兑信息	出票人承诺：本汇票请予以承兑，到期无条件付款	
是否可转让：	可再转让			承兑人承诺：本汇票已经承兑，到期无条件付款 承兑日期	
承兑人保证信息	保证人账号： 保证人名称：		保证人开户行： 保证人开户行号：		
评级信息	出票人：	评级主体：同安农行	信用等级：A	评级到期日：2025-03-01	
备注：					

收料单

供货单位：重庆恒星钢材有限公司
发票号码：23507000000121896563　　　　2024 年 12 月 01 日　　　　No.209738

材料类别	名称及规格	计量单位	数量		实际成本				计划成本		差异	
			应收	实收	单价	金额	运杂费	合 计	单价	金额		
钢板		吨	69	69	3 450.00	238 050.00	—	238 050.00	3 500.00	241 500.00	-3 450.00	第二联 财务记账联
合 计		吨	69	69	3 450.00			238 050.00	3 500.00	241 500.00	-3 450.00	

质量检验：赵文斌　　　　收料：刘天宇　　　　制单：张雪梅

凭证3

中国农业银行
AGRICULTURAL BANK OF CHINA

网上银行电子回单

电子回单号码：37650400934327427307						
付款方	账 号	31370334400005578		收款方	账 号	15376201040000181
	户 名	重庆恒星钢材有限公司			户 名	烟台蓝海机械有限公司
	开户行	中国农业银行重庆海港路支行			开户行	中国农业银行烟台莱山区支行
金额（小写）		1 003.50		金额（大写）		壹仟零叁元伍角整
币种		人民币		交易渠道		EBNK
摘要		材料多余款		凭证号		15376201040000181
交易时间		2024-12-02　10:32:15		会计日期		20241202
附言						

打印日期：2024-12-02

凭证4

3700243130

山东增值税专用发票　№03349233

此联不作报销、扣税凭证使用

3700243130
№03349233

开票日期：2024年12月03日

购买方	名　　称：威海华山机械有限公司 纳税人识别号：913701042644188211 地址、电话：威海市环翠区华夏路147号 0631-87980451 开户行及账号：工商银行威海华夏路支行 1171414000000004653				密码区	1<6<6>**5803312578<>*9974> ++53>15>4-<+>/0<38+70/420/> 09>>+-*93+>6401/3/454115/+- -*2+88++5/320+6+*<2<>0--+15	
货物或应税劳务、服务名称	规格型号	单位	数量	单价	金额	税率	税额
*工业车辆*抗性消音器		件	2 860	327.4336294	936 460.18	13%	121 739.82
合　计					￥936 460.18		￥121 739.82
价税合计（大写）		⊗壹佰零伍万捌仟贰佰圆整				（小写）￥1 058 200.00	
销售方	名　　称：烟台蓝海机械有限公司 纳税人识别号：913706129662085201 地址、电话：烟台市莱山区港城街100号 0535-6900119 开户行及账号：农行烟台莱山支行 15376201040000181				备注		

收款人：孙旭阳　　　复核：王志刚　　　开票人：张翠花　　　销售方：（章）

第一联：记账联　销售方记账凭证

27

中华人民共和国
税收完税证明

（国）

（162）鲁国证 01037286

填发日期：2024 年 12 月 04 日　　税务机关：国家税务总局烟台市莱山区税务局

纳税人识别号	913706129662085201			纳税人名称	烟台蓝海机械有限公司		
原凭证号	税种	品目名称	税款所属时期		入（退）库日期	实缴（退）金额	
32024120400108779	增值税	其他制造业（13%）	2024-11-01至2024-11-30		2024-12-04	62 565.00	
金额合计（大写）人民币陆万贰仟伍佰陆拾伍元整						¥62 565.00	
税务机关 （盖章）		填票人 张一静	备注 （162）鲁国证 01037286 主管税务所（科、分局）：税源管理一科 电子税票号码：32024120400015123				

妥善保管、手写无效

第一联（收据）交纳税人作完税证明

中国农业银行
AGRICULTURAL BANK OF CHINA

网上银行电子回单

电子回单号码：37550229492622354278

付款方	账　号	15376201040000181	收款方	账　号	2560
	户　名	烟台蓝海机械有限公司		户　名	国家金库烟台市莱山区支库
	开户行	中国农业银行烟台莱山区支行		开户行	1513100000
金额（小写）		62 565.00	金额（大写）		陆万贰仟伍佰陆拾伍元整
币种		人民币	交易渠道		TIPS
摘要		公共缴费	凭证号		15376201040000181
交易时间		2024-12-04 11：13：14	会计日期		20241204
附言		增值税实时扣税请求（3001）			

打印日期：2024-12-04

凭证 5-3

中华人民共和国
税收完税证明

（161）鲁国证 04371059

填发日期：2024 年 12 月 04 日　　税务机关：国家税务总局烟台市莱山区税务局

纳税人识别号	913706129662085201		纳税人名称	烟台蓝海机械有限公司		
原凭证号	税种	品目名称	税款所属时期	入（退）库日期		实缴（退）金额
3201912040000101379	城市维护建设税	市区	2023-11-01 至 2023-11-30	2024-12-04		4 379.55
3201912040000101379	教育费附加	增值税教育费附加	2023-11-01 至 2023-11-30	2024-12-04		1 876.95
金额合计	（大写）人民币陆仟贰佰伍拾陆元伍角整					¥6 256.50

税务机关	填票人	备注
12号 税收专用章 （盖章）	张元	（161）鲁国证 04371059 主管税务所（科、分局）：税源管理一科 电子税票号码：3202412040000019305

妥善保管、手写无效

第一联（收据）交纳税人作完税证明

凭证 5-4

中国农业银行　AGRICULTURAL BANK OF CHINA

网上银行电子回单

电子回单号码：37550229492622354256

付款方	账　号	15376201040000181	收款方	账　号	2560
	户　名	烟台蓝海机械有限公司		户　名	国家金库烟台市莱山区支库
	开户行	中国农业银行烟台莱山区支行		开户行	1513100000
金额（小写）		6 256.50	金额（大写）		陆仟贰佰伍拾陆元伍角整
币种		人民币	交易渠道		TIPS
摘要		公共缴费	凭证号		15376201040000181
交易时间		2024-12-04　11：13：20	会计日期		20241204
附言		城市维护建设税、教育费附加实时扣税请求（3001）			中国农业银行股份有限公司 回单专用章

打印日期：2024-12-04

31

凭证 5-5

中华人民共和国
税收完税证明

国

（161）鲁国证 04371063

填发日期：2024 年 12 月 04 日　　税务机关：国家税务总局烟台市莱山区税务局

纳税人识别号	913706129662085201		纳税人名称	烟台蓝海机械有限公司		
原凭证号	税种	品目名称	税款所属时期	入（退）库日期		实缴（退）金额
320241204000101706	企业所得税		2024-11-01至2024-11-30	2024-12-04		8 500.00
金额合计（大写）人民币捌仟伍佰元整						¥8 500.00
税务机关 （盖章）		填票人 张元	备注 （161）鲁国证 04371063 主管税务所（科、分局）：税源管理一科 电子税票号码：320241204000020321			

第一联（收据）交纳税人作完税证明

妥善保管、手写无效

凭证 5-6

中国农业银行
AGRICULTURAL BANK OF CHINA

网上银行电子回单

电子回单号码：37550229492622354410

付款方	账　号	15376201040000181	收款方	账　号	2560
	户　名	烟台蓝海机械有限公司		户　名	国家金库烟台市莱山区支库
	开户行	中国农业银行烟台莱山区支行		开户行	1513100000
金额（小写）		8 500.00	金额（大写）		捌仟伍佰元整
币种		人民币	交易渠道		TIPS
摘要		公共缴费	凭证号		15376201040000181
交易时间		2024-12-04　11：14：36	会计日期		20241204
附言		企业所得税实时扣税请求（3001）			

打印日期：2024-12-04

33

凭证6

山东增值税专用发票

№03349234 3700243130

此联不作报销、扣税凭证使用

№03349234

第一联：记账联　销售方记账凭证

开票日期：2024 年 12 月 04 日

购买方	名　　　称：威海华山机械有限公司
	纳税人识别号：913701042644188211
	地址、电话：威海市环翠区华夏路147号 0631-87980451
	开户行及账号：工商银行威海华夏路支行 1171414000000004653

密码区：
1<6<6>**5803312578<>*9974><
++53>15>4-<+>/0<38+70/420/>
09>>+-*93+>6401/3/454115/+-
-*2+88++5/320+6+*<2<>0--+15

货物或应税劳务、服务名称	规格型号	单位	数量	单价	金额	税率	税额
*工业车辆*抗性消音器		件	-2 860	-3.2743357	-9 364.60	13%	-1 217.40
合　计					¥-9 364.60		¥-1 217.40

价税合计（大写）	（负数）⊗壹万零伍佰捌拾贰圆整	（小写）¥-10 582.00

销售方	名　　　称：烟台蓝海机械有限公司
	纳税人识别号：913706129662085201
	地址、电话：烟台市莱山区港城街100号 0535-6900119
	开户行及账号：农行烟台莱山区支行 15376201040000181

备注：产品质量问题给予1%折让

收款人：孙旭阳　　复核：王志刚　　开票人：张翠花　　销售方：（章）

凭证7

烟台蓝海机械有限公司暂支单

2024 年 12 月 05 日

编号：416

受款人	李强		
暂支事由	预支济南采购差旅费		
暂支金额	人民币贰仟元整	¥2 000.00	现金付讫
预计归还日期	2024 年 12 月 07 日	科目	其他应收款

财会主管：王志刚　　记账：张翠花　　出纳：孙旭阳　　受款人签字：李强

凭证 8-1

3700243140

山东增值税专用发票

№07660548
3700243140
№07660548

抵扣联

开票日期：2024 年 12 月 06 日

购买方	名　　　称：烟台蓝海机械有限公司 纳税人识别号：913706129662085201 地址 、电话：烟台市莱山区港城街100号 0535-6900119 开户行及账号：农行烟台莱山区支行 15376201040000181	密码区	/373>67<599<<1<6<6>**580331 4-<+>/0<38+70/420/>++8+505> 09>>+-*93+>41*2<-36401/3/45 -*2+88++5/32+19<70+6+*<2<>0

货物或应税劳务、服务名称	规格型号	单位	数量	单价	金额	税率	税额
*有色金属合金*铝合金		吨	8	13 500.00	108 000.00	13%	14 040.00
合　计					¥108 000.00		¥14 040.00

价税合计（大写）	⊗壹拾贰万贰仟零肆拾圆整	（小写）¥122 040.00

销售方	名　　　称：济南飞达工业集团 纳税人识别号：913701056723577835M 地址 、电话：济南市经纬路27号 0531-9567821 开户行及账号：农行济南经纬路支行 15370334400005549	备注	济南飞达工业集团 913701056723577835M 发票专用章

收款人：单晶　　　复核：于文杰　　　开票人：单晶　　　销售方：（章）

第二联：抵扣联　购买方抵扣凭证

凭证 8-2

3700243140

山东增值税专用发票

№07660548
3700243140
№07660548

发票联

开票日期：2024 年 12 月 06 日

购买方	名　　　称：烟台蓝海机械有限公司 纳税人识别号：913706129662085201 地址 、电话：烟台市莱山区港城街100号 0535-6900119 开户行及账号：农行烟台莱山区支行 15376201040000181	密码区	/373>67<599<<1<6<6>**580331 4-<+>/0<38+70/420/>++8+505> 09>>+-*93+>41*2<-36401/3/45 -*2+88++5/32+19<70+6+*<2<>0

货物或应税劳务、服务名称	规格型号	单位	数量	单价	金额	税率	税额
*有色金属合金*铝合金		吨	8	13 500.00	108 000.00	13%	14 040.00
合　计					¥108 000.00		¥14 040.00

价税合计（大写）	⊗壹拾贰万贰仟零肆拾圆整	（小写）¥122 040.00

销售方	名　　　称：济南飞达工业集团 纳税人识别号：913701056723577835M 地址 、电话：济南市经纬路27号 0531-9567821 开户行及账号：农行济南经纬路支行 15370334400005549	备注	济南飞达工业集团 913701056723577835M 发票专用章

收款人：单晶　　　复核：于文杰　　　开票人：单晶　　　销售方：（章）

第三联：发票联　购买方记账凭证

37

3700243140

山东增值税专用发票

№07640155
3700243140
№07640155

开票日期：2024 年 12 月 06 日

购买方	名　　称：烟台蓝海机械有限公司
	纳税人识别号：913706129662085201
	地址、电话：烟台市莱山区港城街100号　0535-6900119
	开户行及账号：农行烟台莱山区支行　15376201040000181

密码区
>/5922/+>120552516+4/75*98
9>+>641115/+-01/3*2454>+-*
8+505>4-<++>/0<38+7562+>64
5803505>431/373>63523/12

货物或应税劳务、服务名称	规格型号	单位	数量	单价	金额	税率	税额
*运输服务*运输费		吨	8	37.50	300.00	9%	27.00
合　计					¥300.00		¥27.00

价税合计（大写）	⊗叁佰贰拾柒圆整	（小写）¥327.00

销售方	名　　称：德邦物流股份有限公司
	纳税人识别号：91310000692944357T
	地址、电话：济南市文化东路99号　0531-9567445
	开户行及账号：农行济南文化东路支行　15370334400005104

备注
车牌号　鲁A6K930
货物信息　铝合金
起始地　济南　到达地　烟台
公里数　535公里

收款人：刘源涛　　复核：张建鹏　　开票人：刘源涛　　销售方：（章）

第二联：抵扣联　购买方抵扣凭证

3700243140

山东增值税专用发票

№07640155
3700243140
№07640155

开票日期：2024 年 12 月 06 日

购买方	名　　称：烟台蓝海机械有限公司
	纳税人识别号：913706129662085201
	地址、电话：烟台市莱山区港城街100号　0535-6900119
	开户行及账号：农行烟台莱山区支行　15376201040000181

密码区
>/5922/+>120552516+4/75*98
9>+>641115/+-01/3*2454>+-*
8+505>4-<++>/0<38+7562+>64
5803505>431/373>63523/12

货物或应税劳务、服务名称	规格型号	单位	数量	单价	金额	税率	税额
*运输服务*运输费		吨	8	37.50	300.00	9%	27.00
合　计					¥300.00		¥27.00

价税合计（大写）	⊗叁佰贰拾柒圆整	（小写）¥327.00

销售方	名　　称：德邦物流股份有限公司
	纳税人识别号：91310000692944357T
	地址、电话：济南市文化东路99号　0531-9567445
	开户行及账号：农行济南文化东路支行　15370334400005104

备注
车牌号鲁　A6K930
货物信息　铝合金
起始地　济南　到达地　烟台
公里数　535公里

收款人：刘源涛　　复核：张建鹏　　开票人：刘源涛　　销售方：（章）

第三联：发票联　购买方记账凭证

收料单

供货单位：济南飞达工业集团

发票号码：07660548　　　　　　　　　2024 年 12 月 06 日　　　　　　　　　No.209739

材料类别	名称及规格	计量单位	数量		实际成本				计划成本		差　异	
			应收	实收	单价	金额	运杂费	合计	单价	金额		第二联　财务记账联
铝合金		吨	8	8	13 500.00	108 000.00	300.00	108 300.00	13 300.00	106 400.00	1 900.00	
合　计		吨	8	8	3 450.00	108 000.00	300.00	108 300.00	3 500.00	106 400.00	1 900.00	

质量检验：赵文斌　　　　　　收料：刘天宇　　　　　　制单：张雪梅

烟台蓝海机械有限公司差旅费报销单

填表日期：2024 年 12 月 07 日

出差人姓名			李强		所属部门		采购部		
出差地点			济南		起止日期		自12月05日至12月07日，共3天		
出差事由	购买原材料								
交通及住宿费	种类	单据张数	开支金额	核准金额	出差补助费	种类	天数	标准	金额
	城市间交通费	2	610.00	610.00		伙食补贴	3	100.00	300.00
	住宿费	1	460.00	460.00		公杂补贴	3	60.00	180.00
						现金付讫			
	小计		1 070.00	1 070.00		小计			480.00
金额合计	（大写）壹仟伍佰伍拾元整								¥1 550.00
报销结算情况	原出差借款		¥2 000.00		报销金额		¥1 550.00		
	退回金额		¥450.00		补发金额				

经办人：李强　部门经理：于欣丽　财务经理：王志刚　总经理：孙德翔　出纳：孙旭阳

凭证9-2

```
M065043                          检票：一楼A7
烟台南 站      D6072            济南 站
Yantainan                        Jinan
2024年12月05日08：04开      02车17A号
¥305元            网              二等座
限乘当日当次车

3706821980****4326 李强
买票请到12306  发货请到95306
中国铁路祝您旅途愉快
17235300600612E06  烟台南站售
```

凭证9-3

```
M065952                          检票：二楼A2A3
济南 站       D6071            烟台南 站
Jinan                            Yantainan
2024年12月07日08：55开      03车15C号
¥305元            网              二等座
限乘当日当次车

3706821980****4326 李强
买票请到12306  发货请到95306
中国铁路祝您旅途愉快
16295300600613M06  济南站售
```

凭证9-4

山东增值税电子普通发票

发票代码：037002400111
发票号码：65802219
开票日期：2024年12月06日
校验码：58863839392240808888

机器编号：661701268278

购买方	名　　　称：烟台蓝海机械有限公司 纳税人识别号：913706129662085201 地址、电话：烟台市莱山区港城街100号 0535-6900119 开户行及账号：农行烟台莱山区支行 15376201040000181	密码区	1<6523458/373><6>**58033163 5>4-<+>/0<6++8+5038+75628-+ 09>>+-*93+>23-+3/42/>26401/ 5/32+-0/-*2+88+0+6+*<2<>45

货物或应税劳务、服务名称	规格型号	单位	数量	单价	金额	税率	税额
*生活服务*住宿服务			1	446.60	446.60	3%	13.40
合　计					¥446.60		¥13.40

价税合计（大写）	⊗肆佰陆拾圆整	（小写）¥460.00

销售方	名　　　称：山东舜经国际酒店 纳税人识别号：9230612MA2356207J0 地址、电话：济南市市中区舜耕路66号 0531-8693612 开户行及账号：农业银行济南舜耕路支行 15376202030000231	备注	

收款人：高颖　　　复核：张家辉　　　开票人：高颖　　　销售方：（章）

43

长期借款利息明细

单位：烟台蓝海机械有限公司   所属期间：2024 年 12 月

项　目	对方科目	借款日期	借款金额	借款期限	年利率	月计提应付利息额	已计提期数	已计提应付利息额	支付利息	本月应计提利息
长期借款利息	应付利息	2023-01-01	¥820 000.00	6年	4.50%	3 075.00	11	¥33 825.00	¥36 900.00	¥3 075.00

会计：张翠花   财务主管：王志刚   制单：张翠花

中国农业银行
AGRICULTURAL BANK OF CHINA

网上银行电子回单

电子回单号码：37600569453297972689

付款方	账　号	15376201040000181	收款方	账　号	15386201940053010
	户　名	烟台蓝海机械有限公司		户　名	—
	开户行	中国农业银行烟台莱山区支行		开户行	3862
金额（小写）		36 900.00	金额（大写）		叁万陆仟玖佰元整
币种		人民币	交易渠道		BTER
摘要		转账取款	凭证号		15376201040000181
交易时间		2024-12-07　11：24：12	会计日期		20241207
附言		长期借款利息费用			

中国农业银行股份有限公司
回单专用章

打印日期：2024-12-07

电子银行承兑汇票

中国农业银行
AGRICULTURAL BANK OF CHINA

出票日期：2024-12-08
汇票到期日：2025-03-08

票据状态：已签收
票据号码：13134560882022018062521262 6726

出票人	账　　号	15375568900002364	收款方	账　　号	15376201040000181
	全　　称	济南信达汽车配件有限公司		全　　称	烟台蓝海机械有限公司
	开 户 行	中国农业银行济南市中支行		开 户 行	中国农业银行烟台莱山区支行
	开户行号	103452001014		开户行号	103456039410
出票人保证信息	保证人账号： 保证人名称：		保证人开户行： 保证人开户行号：		
票据金额	小写：430 000.00		人民币（大写）：肆拾叁万元整		
承兑人	承兑人账号：— 承兑人名称：中国农业银行股份有限公司济南市中支行		承兑人开户行： 承兑人开户行号：103393039003		
交易合同号	—		承兑信息	出票人承诺：本汇票请予以承兑，到期无条件付款	
是否可转让	可再转让			承兑人承诺：本汇票已经承兑，到期无条件付款 承兑日期：	
承兑人保证信息	保证人账号： 保证人名称：		保证人开户行： 保证人开户行号：		
评级信息	出票人	评级主体：同安农行	信用等级：A	评级到期日：2025-03-08	
备注					

凭证12-1

电子发票（增值税专用发票）

国家税务局总局
上海市税务局

发票号码：23317000000085432944
开票日期：2024年12月09日

购买方信息	名称：烟台蓝海机械有限公司 统一社会信用代码/纳税人识别号：913706129662085201	销售方信息	名称：上海晨光文具股份有限公司 统一社会信用代码/纳税人识别号：9130000677833266

项目名称	规格型号	单位	数量	单价	金额	税率/征收率	税额
*纸印刷品文教产品*A4打印纸		包	30	30.9733333	929.20	13%	120.80
合　计					¥929.20		¥120.80
价税合计（大写）	⊗壹仟零伍拾圆整				（小写）¥1 050.00		
备注	订单号：2312269615780						

开票人：张明磊

下载次数：1

烟台蓝海机械有限公司内部领用单

领用部门	物品名称	单位	数量	单价	金额	领用日期	领用人签字
生产车间	A4打印纸	包	15	30.973333	464.60	2024-12-09	张巍
行政管理部门	A4打印纸	包	5	30.973333	154.87	2024-12-09	刘俊琦
财务部	A4打印纸	包	10	30.973333	309.73	2024-12-09	张翠花

发料人：刘天宇　　　　　仓库主管：赵文斌　　　　　制单：张雪梅

中国农业银行 网上银行电子回单
AGRICULTURAL BANK OF CHINA

电子回单号码：37600569453297971120

付款方	账　号	15376201040000181	收款方	账　号	310066290106100078
	户　名	烟台蓝海机械有限公司		户　名	上海晨光文具股份有限公司
	开户行	中国农业银行烟台莱山区支行		开户行	中国工商银行上海市泰贤区支行

金额（小写）	1 050.00	金额（大写）	壹仟零伍拾元整
币种	人民币	交易渠道	EBNK
摘要	办公用品费用	凭证号	15376201040000181
交易时间	2024-12-09　15：29：35	会计日期	20241209
附言			

打印日期：2024-12-09

委托加工材料出库单

加工单位：烟台富盛机电有限公司

加工合同号：077246　　　　　　　2024年12月10日　　　　　　　No.0037451

材料类别	名称及规格	计量单位	数量	实际成本		计划成本		差异
				单价	金额	单价	金额	
钢板		吨	10	3 450.00	34 500.00	3 500.00	35 000.00	-500.00
合　计		吨	10	3 450.00	34 500.00	3 500.00	35 000.00	-500.00

第三联　记账联

仓库主管：赵文斌　　　发料人：刘天宇　　　领料部门主管：王红　　　领料人：朱志刚

49

凭证14

山东增值税电子普通发票

发票代码：037002400111
发票号码：65802287
开票日期：2024 年 12 月 11 日
校验码：58863 83939 28401 08461

机器编号：661701268278

购买方	名　　称：烟台蓝海机械有限公司 纳税人识别号：913706129662085201 地址、电话：烟台市莱山区港城街100号　0535-6900119 开户行及账号：农行烟台莱山区支行　15376201040000181	密码区	1<6<6>**58033163523458/373> 5>4-<+>/0<38+75628-+6++8+50 09>>+-*93+>23-+/>26401/3/42 5/320+6+*<2<>45+-0/-*2+88++

货物或应税劳务、服务名称	规格型号	单位	数量	单价	金额	税率	税额
*餐饮服务*餐饮		位	5	92.4520000	462.26	6%	27.74
合　计					¥462.26		¥27.74

价税合计（大写）	⊗肆佰玖拾圆整	（小写）¥490.00

销售方	名　　称：莱山区必胜客餐馆 纳税人识别号：9230612MA2356207J0 地址、电话：莱山区迎春大街宝龙广场　0535-5567235 开户行及账号：农业银行莱山区支行　15376202030000231	备注	

收款人：韩明月　　　复核：张亚楠　　　开票人：韩明月　　　销售方：（章）

凭证15

中国工商银行　　转账支票

10504122
06224906

出票日期（大写）　　贰零贰肆年壹拾贰月壹拾贰日

付款行名称：中国工商银行华夏路支行
出票人账号：11714140000000004653

收款人：烟台蓝海机械有限公司

人民币（大写）	壹佰零贰万陆仟陆佰陆拾伍元陆角肆分	亿	千	百	十	万	千	百	十	元	角	分
		¥	1	0	2	6	6	6	5	6	4

用途　支付货款

下列款项请从
我账户内支付
出票人签章

科目（借）＿＿＿＿＿＿
对方科目（贷）＿＿＿＿＿＿
转账日期 2024 年 12 月 12 日
复核　　　　记账

付款期限自出票之日起十天

凭证16

中国农业银行　　转账支票

10504597
06222180

出票日期（大写）　　贰零贰肆年壹拾贰月壹拾贰日

付款行名称：中国农业银行济南市中支行
出票人账号：15375568900002364

收款人：烟台蓝海机械有限公司

	亿	千	百	十	万	千	百	十	元	角	分
人民币（大写）贰万元整					¥	2	0	0	0	0	0

用途　预付货款

下列款项请从
我账户内支付
出票人签章

科目（借）＿＿＿＿＿
对方科目（贷）＿＿＿＿＿
转账日期 2024 年 12 月 12 日
复核　　　　记账

付款期限自出票之日起十天

凭证17-1

山东省社会保险基金专用票据

2024 年 12 月 13 日

流水号：10518031310011535888

No.606013411747

缴款人：烟台蓝海机械有限公司　　　　经济类别：私营

收费项目	起始年月	终止年月	人数	单位缴纳额（元）	个人缴纳额（元）	滞纳金（元）	利息（元）	合　计（元）
基本养老保险费	202412	202412	24	12 552.96	6 276.48	0	0	18 829.44
失业保险费	202412	202412	24	549.12	235.44	0	0	784.56
基本医疗保险费	202412	202412	24	5 491.92	1 569.12	0	0	7 061.04
工伤保险费	202412	202412	24	784.56	0	0	0	784.56
生育保险费	202412	202412	24	784.56	0	0	0	784.56
金额合计（大写）贰万捌仟贰佰肆拾肆元壹角陆分					（小写）			28 244.16

第三联　收据

收款单位（盖章）：　　　财务复核人：　　　业务复核人：　　　经办人：曲汉波

中国农业银行
AGRICULTURAL BANK OF CHINA

网上银行电子回单

电子回单号码：37600569453297979856

付款方	账　号	15376201040000181	收款方	账　号	15400001012017020
	户　名	烟台蓝海机械有限公司		户　名	财税库税款
	开户行	中国农业银行烟台莱山区支行		开户行	社保
金额（小写）		28 244.16	金额（大写）		贰万捌仟贰佰肆拾肆元壹角陆分
币种		人民币	交易渠道		CTMP
摘要		转账取款	凭证号		15376201040000181
交易时间		2024-12-13　14：25：20	会计日期		20241213
附言		财税库F 社会保险费用			

打印日期：2024-12-13

山东省行政事业性收费收据

2024年12月13日

No.20245242

交费单位	烟台蓝海机械有限公司		收费许可证号			（鲁）财发 202412						
收费项目	收费标准			金额								
				百	十	万	千	百	十	元	角	分
住房公积金						1	4	6	4	3	5	2
合　计						¥	1	4	6	4	3	5	2

人民币（大写）壹万肆仟陆佰肆拾叁元伍角贰分

转账

负责人：　　　　　开票人：　　　　　收费单位（签章）：

55

凭证 18-2

中国农业银行
AGRICULTURAL BANK OF CHINA

网上银行电子回单

电子回单号码：37600569453297971120

付款方	账　号	15376201040000181	收款方	账　号	15376210040000730
	户　名	烟台蓝海机械有限公司		户　名	财税库税款
	开户行	中国农业银行烟台莱山区支行		开户行	公积金
金额（小写）		14 643.52	金额（大写）		壹万肆仟陆佰肆拾叁元伍角贰分
币种		人民币	交易渠道		CTMP
摘要		转账取款	凭证号		15376201040000181
交易时间		2024-12-13　14：29：20	会计日期		20241213
附言		财税库F 住房公积金费用			

中国农业银行股份有限公司
回单专用章

打印日期：2024-12-13

凭证 19

收 OFFICIAL RECEIPT 据　　　　No.6032445

2024 年 12 月 13 日

今 收 到

烟台蓝海机械有限公司　　交来　　12月份工会经费　　款

人民币（大写）壹仟捌佰叁拾元肆角肆分

（小写）¥1 830.44　　　现金收讫

烟台蓝海机械有限公司
财务专用章

第三联　记账联

收款单位（签章）：

出纳：孙旭阳	核准：王志刚	会计：张翠花	经手人：王伟

3700243130

山东增值税专用发票

№07660339

3700243130
№07660339

开票日期：2024 年 12 月 14 日

3700243130

购买方	名　　　称：烟台蓝海机械有限公司 纳税人识别号：913706129662085201 地址、电话：烟台市莱山区港城街100号 0535-6900119 开户行及账号：农行烟台莱山区支行 15376201040000181	密码区	1<6<6>**580331/373>635223-> ++8+505>4-<+>8-+6/0<38+7562 09>>+-*93+623-+/>2401/3/42 -*2+2<>45+-0/88++5/320+6+*<

货物或应税劳务、服务名称	规格型号	单位	数量	单价	金额	税率	税额
*广告服务*广告费		平方米	15.2	248.2625000	3 773.59	6%	226.41
合　计					¥3 773.59		¥226.41

价税合计（大写）　⊗肆仟圆整　　　　　　　　　　　　　（小写）¥4 000.00

销售方	名　　　称：烟台海源广告策划有限公司 纳税人识别号：9137060031260A5615 地址、电话：烟台市开发区长江路10号 0535-7698430 开户行及账号：工商银行开发区支行 15370612536759486	备注	

收款人：周艳艳　　　复核：孙悦凯　　　开票人：周艳艳　　　销售方：（章）

3700243130

山东增值税专用发票

№07660339

3700243130
№07660339

开票日期：2024 年 12 月 14 日

3700243130

购买方	名　　　称：烟台蓝海机械有限公司 纳税人识别号：913706129662085201 地址、电话：烟台市莱山区港城街100号 0535-6900119 开户行及账号：农行烟台莱山区支行 15376201040000181	密码区	1<6<6>**580331/373>635223-> ++8+505>4-<+>8-+6/0<38+7562 09>>+-*93+623-+/>2401/3/42 -*2+2<>45+-0/88++5/320+6+*<

货物或应税劳务、服务名称	规格型号	单位	数量	单价	金额	税率	税额
*广告服务*广告费		平方米	15.2	248.2625000	3 773.59	6%	226.41
合　计					¥3 773.59		¥226.41

价税合计（大写）　⊗肆仟圆整　　　　　　　　　　　　　（小写）¥4 000.00

销售方	名　　　称：烟台海源广告策划有限公司 纳税人识别号：9137060031260A5615 地址、电话：烟台市开发区长江路10号 0535-7698430 开户行及账号：工商银行开发区支行 15370612536759486	备注	

收款人：周艳艳　　　复核：孙悦凯　　　开票人：周艳艳　　　销售方：（章）

凭证 20-3

中国农业银行
转账支票存根
10201110
49860633

附加信息	
出票日期 2024 年 12 月 14 日	
收款人：烟台海源广告策划有限公司	
金　　额：¥4 000.00	
用　　途：支付广告费	
单位主管：王志刚　会计：张翠花	

凭证 21-1

中国农业银行　　　**转账支票**　　　10504521
06222154

出票日期（大写）　贰零贰肆年壹拾贰月壹拾伍日　　付款行名称：中国农业银行烟台莱山区支行

收款人：烟台蓝海机械有限公司　　　出票人账号：153706431940000340

人民币（大写）	叁万陆仟元整	亿	千	百	十	万	千	百	十	元	角	分
						¥	3	6	0	0	0	0	0	0

用途　预付房租

下列款项请从
我账户内支付
出票人签章

科目（借）_____
对方科目（贷）_____
转账日期 2024 年 12 月 15 日
复核　　　记账

付款期限自出票之日起十天

3700243130

山东增值税专用发票

此联不作报销、扣税凭证使用

№03349235

3700243130

№03349235

开票日期：2024 年 12 月 15 日

购买方	名　　称：烟台神通电气有限公司 纳税人识别号：9137010426239MY297 地址、电话：烟台市莱山区港城街100号　0535-6900291 开户行及账号：农业银行烟台莱山区支行　153706431940000340	密码区	>*9974><*4-<38+70/4+>/00331 <20++53/>>15>1<6<6>*12578<7 3+>>99/3/45419/3 09>>+-*9+ -*2+88+6+*<2>++5/320--+150

货物或应税劳务、服务名称	规格型号	单位	数量	单价	金额	税率	税额
*不动产经营租赁*厂房租金		平方米	500	66.0550400	33 027.52	9%	2 972.48
合　计					¥33 027.52		¥2 972.48

价税合计（大写）	⊗叁万陆仟圆整	（小写）¥36 000.00

销售方	名　　称：烟台蓝海机械有限公司 纳税人识别号：913706129662085201 地址、电话：烟台市莱山区港城街100号　0535-6900119 开户行及账号：农行烟台莱山区支行　15376201040000181	备注	

收款人：孙旭阳　　　复核：王志刚　　　开票人：张翠花　　　销售方：（章）

第一联：记账联　销售方记账凭证

3700243130

山东增值税专用发票

此联不作报销、扣税凭证使用

№03349236

3700243130

№03349236

开票日期：2024 年 12 月 15 日

购买方	名　　称：济南信达汽车配件有限公司 纳税人识别号：9137010346JK256P03 地址、电话：济南市中区北园路612号　0531-56890231 开户行及账号：农业银行济南市中支行　153706431940000239	密码区	1<6<6>**12578<>*9974><*58033 ++53<20/>>15>4-<38+70/4+>/0 09>>+-*93+>>99/3/45419/3/4 -*2+88++5/320--+150+6+*<2<>

货物或应税劳务、服务名称	规格型号	单位	数量	单价	金额	税率	税额
*工业车辆*铝合金油箱		件	700	486.7256571	340 707.96	13%	44 292.04
合　计					¥340 707.96		¥44 292.04

价税合计（大写）	⊗叁拾捌万伍仟圆整	（小写）¥385 000.00

销售方	名　　称：烟台蓝海机械有限公司 纳税人识别号：913706129662085201 地址、电话：烟台市莱山区港城街100号　0535-6900119 开户行及账号：农行烟台莱山区支行　15376201040000181	备注	

收款人：孙旭阳　　　复核：王志刚　　　开票人：张翠花　　　销售方：（章）

第一联：记账联　销售方记账凭证

中国农业银行　　转账支票

10504623
06222185

出票日期（大写）　　贰零贰肆年壹拾贰月壹拾伍日

付款行名称：中国农业银行济南市中区支行

收款人：烟台蓝海机械有限公司

出票人账号：15375568900002364

付款期限自出票之日起十天

人民币（大写）	叁拾捌万伍仟元整	亿	千	百	十	万	千	百	十	元	角	分
				¥	3	8	5	0	0	0	0	0

用途　支付货款

下列款项请从

我账户内支付

出票人签章

科目（借）＿＿＿＿＿＿

对方科目（贷）＿＿＿＿＿

转账日期 2024 年 12 月 15 日

复核　　　　记账

电子发票（增值税专用发票）

发票号码：23317000000033456891

开票日期：2024 年 12 月 16 日

下载次数：1

购买方信息	名称：烟台蓝海机械有限公司 统一社会信用代码/纳税人识别号：913706129662085201	销售方信息	名称：上海安泰机床有限公司 统一社会信用代码/纳税人识别号：91310451KM809L1013

项目名称	规格型号	单位	数量	单价	金额	税率/征收率	税额
*金属制品*机床		台	1	159 292.04	159 292.04	13%	20 707.96
合　计					¥159 292.04		¥20 707.96
价税合计（大写）	⊗壹拾捌万圆整					（小写）¥180 000.00	

备注　订单号：2345699781494

开票人：窦伟

凭证 23-2

网上银行电子回单

中国农业银行
AGRICULTURAL BANK OF CHINA

电子回单号码：37650400934327427307					
付款方	账 号	15376201040000181	收款方	账 号	31280345100003590
	户 名	烟台蓝海机械有限公司		户 名	上海安泰机床有限公司
	开户行	中国农业银行烟台莱山区支行		开户行	中国农业银行上海金山区支行
金额（小写）		180 000.00	金额（大写）		壹拾捌万元整
币种		人民币	交易渠道		EBNK
摘要		购买机床货款	凭证号		15376201040000181
交易时间		2024-12-16 11：32：15	会计日期		20241216
附言					

中国农业银行股份有限公司
回单专用章

打印日期：2024-12-16

凭证 24

坏账审批单

单位：烟台海蓝机械有限公司　　　　　　　　　　　　　　　　　　　所属期间：2024年12月

项 目	公司名称	对方科目	交易日期	坏账原因	坏账日期	金额（元）
坏账准备	潍坊和兴机械有限公司	应收账款	2020-02-23	公司破产	2024-12-16	¥5 366.00
合 计	—		—		—	¥5 366.00

会计：张翠花　　　销售部经理：宋鹏飞　　　财务主管：王志刚　　　总经理：

凭证 25-1

公益事业捐赠统一票据
UNIFIED INVOICE OF DONATION FOR PUBLIC WELFARE

捐赠人：烟台蓝海机械有限公司　　　2024年12月16日　　　No.1200003087
DONOR　　　　　　　　　　　　　　Y　M　D

捐赠项目 For purpose	实物（外币）种类 Material objects （Currency）	数 量 Amount	金 额 Total amount										第二联 收据
			千	百	十	万	千	百	十	元	角	分	
捐赠				1	0	0	0	0	0	0			
金额合计（小写）In Figures						¥	1	0	0	0	0	0	0
金额合计（大写）In Words		⊗仟⊗佰⊗拾壹万零仟零佰零拾零元零角零分											

台市儿童福利院
财务专用章

接收单位（盖章）：　　　　　复核人：　　　　　开票人：
Receiver's Seal　　　　　　Verified by　　　　Handling person

感谢您对公益事业的支持！Thank you for support of public welfare！

凭证 25-2

中国农业银行
转账支票存根
10201110
49860634

附加信息

出票日期 2024 年 12 月 16 日

收款人：烟台市儿童福利院

金　　额：¥10 000.00

用　　途：捐赠

单位主管：王志刚　会计：张翠花

凭证 26-1

烟台蓝海机械有限公司工资结算汇总表

2024年11月　　　　　　　　　　单位：元　　　　　人数：24人

部　门	基本工资	岗位工资	工龄工资	应付工资	代扣款项						实发金额
					基本养老保险费	失业保险费	基本医疗保险费	住房公积金	合计	个人所得税	
生产车间	31 000.00	18 933.20	2 980.00	52 913.20	3 138.24	117.72	784.56	4 233.06	8 273.58	0	44 639.62
生产管理部门	2 500.00	1 952.20	700.00	5 152.20	261.52	9.81	65.38	412.18	748.89	0	4 403.31
行政部门	14 200.00	8 904.40	3 200.00	26 304.40	2 353.68	88.29	588.42	2 104.35	5 134.74	0	21 169.66
销售部门	4 000.00	2 032.20	1 120.00	7 152.20	523.04	19.62	130.76	572.17	1 245.59	0	5 906.61
合　计	51 700.00	31 822.00	8 000.00	91 522.00	6 276.48	235.44	1 569.12	7 321.76	15 402.80	0	76 119.20

会计：张翠花　　　复核：孙旭阳　　　财务主管：王志刚　　　总经理：孔德翔

凭证 26-2

中国农业银行
AGRICULTURAL BANK OF CHINA

网上银行电子回单

电子回单号码：37650400934327427307

付款方	账 号	15376201040000181	收款方	账 号	6228460260003382070
	户 名	烟台蓝海机械有限公司		户 名	张翠花
	开户行	中国农业银行烟台莱山区支行		开户行	中国农业银行烟台莱山区支行

金额（小写）	4 150.25	金额（大写）	肆仟壹佰伍拾元贰角伍分
币种	人民币	交易渠道	EBNK
摘要	支付工资	凭证号	15376201040000181
交易时间	2024-12-17 10：45：15	会计日期	20241217
附言			

打印日期：2024-12-17

凭证 27-1

3700243130

山东增值税专用发票

№07660562

3700243130
№07660562

开票日期：2024 年 12 月 18 日

购买方	名 称：烟台蓝海机械有限公司 纳税人识别号：913706129662085201 地址、电话：烟台市莱山区港城街100号 0535-6900119 开户行及账号：农行烟台莱山区支行 15376201040000181	密码区	361<6<6>**58035223->-*93+>6 ++8+508-+5215>4-<+>6/373>63 09>>+-/42/93+>623-*+31/373> -*2+2<++5/3<-0/8820+>45+6+*

货物或应税劳务、服务名称	规格型号	单位	数量	单价	金额	税率	税额
*水冰雪*工业用水		吨	16	113.2743750	1 812.39	13%	235.61
合 计					¥1 812.39		¥235.61

价税合计（大写）	⊗贰仟零肆拾捌圆整	（小写）¥2 048.00

销售方	名 称：莱山区供水总公司 纳税人识别号：91370601282MU292Y0 地址、电话：烟台市莱山区盛泉路19号 0535-6890238 开户行及账号：农行莱山区盛泉支行 15370616600059481	备注	

收款人：袁冰玉　　复核：褚洪超　　开票人：袁冰玉　　销售方：（章）

71

3700243130　　　　　　**山东增值税专用发票**　　　　№07660562

发票联

3700243130

№07660562

开票日期：2024 年 12 月 18 日

购买方	名　　称：烟台蓝海机械有限公司 纳税人识别号：913706129662085201 地址、电话：烟台市莱山区港城街100号 0535-6900119 开户行及账号：农行烟台莱山区支行 15376201040000181	密码区	361<6<6>**58035223->-*93+>6 ++8+508-+5215>4-<+>6/373>63 09>>+-/42/93+>623-*+31/373> -*2+2<++5/3<-0/8820+>45+6+*

货物或应税劳务、服务名称	规格型号	单位	数量	单价	金额	税率	税额
*水冰雪*工业用水		吨	16	113.2743750	1 812.39	13%	235.61
合　计					¥1 812.39		¥235.61

价税合计（大写）	⊗贰仟零肆拾捌圆整	（小写）¥2 048.00

销售方	名　　称：莱山区供水总公司 纳税人识别号：91370601282MU292Y0 地址、电话：烟台市莱山区盛泉路19号 0535-6890238 开户行及账号：农行莱山区盛泉路支行 15370616600059481	备注	

收款人：袁冰玉　　　复核：褚洪超　　　开票人：袁冰玉　　　销售方：（章）

第三联：发票联 购买方记账凭证

中国农业银行
AGRICULTURAL BANK OF CHINA

网上银行电子回单

电子回单号码：37650400934327427307

付款方	账　号	15376201040000181	收款方	账　号	15370616600059481
	户　名	烟台蓝海机械有限公司		户　名	莱山区供水总公司
	开户行	中国农业银行烟台莱山区支行		开户行	农行莱山区盛泉路支行
金额（小写）		2 048.00	金额（大写）		贰仟零肆拾捌元整
币种		人民币	交易渠道		EBNK
摘要		工业用水费用	凭证号		15376201040000181
交易时间		2024-12-18　11：02：15	会计日期		20241218
附言					

打印日期：2024-12-18

3700243130

山东增值税专用发票

抵扣联

№07660680

3700243130

№07660680

开票日期：2024年12月18日

购买方	名　　称：烟台蓝海机械有限公司 纳税人识别号：913706129662085201 地址、电话：烟台市莱山区港城街100号　0535-6900119 开户行及账号：农行烟台莱山区支行　15376201040000181	密码区	3635223->-*93+>61<6<6>**580 ++8+508-+6/373>635215>4-<+> 09>>+-*+31/373>/42/93+>623- -*2+2<++5/320+>45+6+*<-0/88

货物或应税劳务、服务名称	规格型号	单位	数量	单价	金额	税率	税额
*供电*电力产品		千瓦时	6 661	0.4001636	2 665.49	13%	346.51
合　计					¥2 665.49		¥346.51

价税合计（大写）	⊗叁仟零壹拾贰圆整	（小写）¥3 012.00

销售方	名　　称：烟台市供电公司 纳税人识别号：913706122821253449 地址、电话：烟台市莱山区庆祥路21号　0535-6700450 开户行及账号：农行莱山区庆祥路支行　15370616600054879	备注	

收款人：谭英姿　　　复核：高帅　　　开票人：谭英姿　　　销售方：（章）

第二联：抵扣联　购买方抵扣凭证

3700243130

山东增值税专用发票

发票联

№07660680

3700243130

№07660680

开票日期：2024年12月18日

购买方	名　　称：烟台蓝海机械有限公司 纳税人识别号：913706129662085201 地址、电话：烟台市莱山区港城街100号　0535-6900119 开户行及账号：农行烟台莱山区支行　15376201040000181	密码区	3635223->-*93+>61<6<6>**580 ++8+508-+6/373>635215>4-<+> 09>>+-*+31/373>/42/93+>623- -*2+2<++5/320+>45+6+*<-0/88

货物或应税劳务、服务名称	规格型号	单位	数量	单价	金额	税率	税额
*供电*电力产品		千瓦时	6 661	0.4001636	2 665.49	13%	346.51
合　计					¥2 665.49		¥346.51

价税合计（大写）	⊗叁仟零壹拾贰圆整	（小写）¥3 012.00

销售方	名　　称：烟台市供电公司 纳税人识别号：913706122821253449 地址、电话：烟台市莱山区庆祥路21号　0535-6700450 开户行及账号：农行莱山区庆祥路支行　15370616600054879	备注	

收款人：谭英姿　　　复核：高帅　　　开票人：谭英姿　　　销售方：（章）

第三联：发票联　购买方记账凭证

中国农业银行
AGRICULTURAL BANK OF CHINA

网上银行电子回单

电子回单号码：37650400934327427307

付款方	账　号	15376201040000181	收款方	账　号	15370616600054879
	户　名	烟台蓝海机械有限公司		户　名	烟台市供电公司
	开户行	中国农业银行烟台莱山区支行		开户行	农行莱山区庆祥路支行
金额（小写）		3 012.00	金额（大写）		叁仟零壹拾贰元整
币种		人民币	交易渠道		EBNK
摘要		工业用电费用	凭证号		15376201040000181
交易时间		2024-12-18　11：09：31	会计日期		20241218
附言					

打印日期：2024-12-18

固定资产报废申请表

申请单位（盖章）

设备名称	数控机床	原值（元）	35 000.00
设备编号	0403990003	净残值（元）	1 750.00
购买时间	2016.12	累计折旧（元）	26 600.00
领用时间	2016.12	使用年限（年）	8
报废时间		2024.12	

报废原因	设备老旧，重要部件磨损严重，产品合格率降低，特申请报废。 申请单位负责人（签名）：宋小宝 2024年12月15日
专业人员意见	同意　　　　　　　签名：姜书楠 2024年12月15日
财务部门意见	同意　　　　　　　签章：王志刚 2024年12月18日
总经理审批意见	同意　　　　　　　签章：孔德翔 2024年12月19日

银行承兑汇票

2

B/0 B/1 20246736

出票日期 贰零贰肆 年 壹拾贰 月 零贰拾 日
（大写）

出票人全称	济南邦瑞机电有限公司	收款人	全 称	烟台蓝海机械有限公司
出票人账号	15376105130000219		账 号	15376201040000181
付款人全称	中国农业银行济南市天桥区支行		开户银行	中国农业银行烟台莱山支行

出票金额	人民币（大写）	叁拾万元整	亿 千 百 十 万 千 百 十 元 角 分
			￥ 3 0 0 0 0 0 0 0

汇票到期日（大写）	贰零贰伍年陆月零贰拾日	付款行	行号	103451012176
承兑协议编号	355232		地址	山东省济南市天桥区莲花山路646号

本汇票请你行承兑，到期无条件汇款。

本汇票已经承兑，到期后由本行付款。

103451012176
汇票专用章

财务专用章

辉赵
印一

出票人签章	备注：	复核	记账

3700243130

山东增值税专用发票

No03349237

此联不作报销、扣税凭证使用

3700243130
No03349237

开票日期：2024年12月21日

购买方	名 称：烟台市废品回收公司	密码区	3635223->-*93*580+>61<6<6>*
	纳税人识别号：913706012125KL2362		++8+508-+6/373>635215>4-<56
	地址、电话：烟台市莱山区盛泉路88号 0535-6901995		09>>+-*+31/373>/42/93+>553+
	开户行及账号：农行莱山区盛泉路支行 3701188000594812297		-*2+2>45+6+*<-0<++5/320+/45

货物或应税劳务、服务名称	规格型号	单位	数量	单价	金额	税率	税额
*金属制品*报废机床		台	1	3 849.56	3 849.56	13%	500.44
合 计					￥3 849.56		￥500.44

价税合计（大写）	⊗肆仟叁佰伍拾圆整	（小写）￥4 350.00

销售方	名 称：烟台蓝海机械有限公司	备注	
	纳税人识别号：913706129662085201		
	地址、电话：烟台市莱山区港城街100号 0535-6900119		
	开户行及账号：农行烟台莱山区支行 15376201040000181		

收款人：孙旭阳　　复核：王志刚　　开票人：张翠花　　销售方：（章）

第一联：记账联 销售方记账凭证

中国农业银行　　转账支票

10504634
06222186

出票日期（大写）　贰零贰肆年壹拾贰月贰拾壹日

付款行名称：中国农业银行莱山区盛泉路支行

收款人：烟台蓝海机械有限公司

出票人账号：3701188000594812297

人民币（大写）	肆仟叁佰伍拾元整	亿	千	百	十	万	千	百	十	元	角	分
						¥	4	3	5	0	0	0

用途　支付货款

上列款项请从
我账户内支付
出票人签章

科目（借）_____
对方科目（贷）_____
转账日期　2024 年 12 月 21 日
复核　　　记账

中国农业银行
AGRICULTURAL BANK OF CHINA

网上银行电子回单

电子回单号码：37650400934327427307

付款方	账　号	—	收款方	账　号	15376201040000181
	户　名	—		户　名	烟台蓝海机械有限公司
	开户行	—		开户行	中国农业银行烟台莱山区支行
金额（小写）	1 572.35		金额（大写）		壹仟伍佰柒拾贰元叁角伍分
币种	人民币		交易渠道		EBNK
摘要	批量结息		凭证号		15376201040000182
交易时间	2024-12-22　13：24：15		会计日期		20241222
附言	批量结息　结息周期 20240921-20241221-正常利息 1 572.35				

打印日期：2024-12-22

3700243130

山东增值税专用发票

抵 扣 联

№07660129

3700243130

№07660129

开票日期：2024 年 12 月 22 日

购买方	名　　称：烟台蓝海机械有限公司
	纳税人识别号：913706129662085201
	地址、电话：烟台市莱山区港城街100号　0535-6900119
	开户行及账号：农行烟台莱山区支行　15376201040000181

密码区

3635*5802261<6<6>*3->-*93+>
++8+508-+6/373>6353635223->
09 -*2+2<+93+>623-1/373>/3+
-*2+2<+++*<-0/885/320+>45+6

第二联：抵扣联　购买方抵扣凭证

货物或应税劳务、服务名称	规格型号	单位	数量	单价	金额	税率	税额
*劳务*加工费		件	160	49.7787500	7 964.60	13%	1 035.40
合　计					¥7 964.60		¥1 035.40

价税合计（大写）	⊗玖仟圆整	（小写）¥9 000.00

销售方	名　　称：烟台富盛机电有限公司	备注
	纳税人识别号：91370612KM415L9155	
	地址、电话：烟台市莱山区长安路77号　0535-6901779	
	开户行及账号：农行烟台莱山区支行　15370616000022380	

收款人：李迎军　　　复核：韩娟　　　开票人：李迎军　　　销售方：（章）

3700243130

山东增值税专用发票

发 票 联

№07660129

3700243130

№07660129

开票日期：2024 年 12 月 22 日

购买方	名　　称：烟台蓝海机械有限公司
	纳税人识别号：913706129662085201
	地址、电话：烟台市莱山区港城街100号　0535-6900119
	开户行及账号：农行烟台莱山区支行　15376201040000181

密码区

3635*5802261<6<6>*3->-*93+>
++8+508-+6/373>6353635223->
09 -*2+2<+93+>623-1/373>/3+
-*2+2<+++*<-0/885/320+>45+6

第三联：发票联　购买方记账凭证

货物或应税劳务、服务名称	规格型号	单位	数量	单价	金额	税率	税额
*劳务*加工费		件	160	49.7787500	7 964.60	13%	1 035.40
合　计					¥7 964.60		¥1 035.40

价税合计（大写）	⊗玖仟圆整	（小写）¥9 000.00

销售方	名　　称：烟台富盛机电有限公司	备注
	纳税人识别号：91370612KM415L9155	
	地址、电话：烟台市莱山区长安路77号　0535-6901779	
	开户行及账号：农行烟台莱山区支行　15370616000022380	

收款人：李迎军　　　复核：韩娟　　　开票人：李迎军　　　销售方：（章）

凭证33-3

中国农业银行
转账支票存根
10201110
49860636

附加信息

出票日期 2024 年 12 月 22 日

收款人：烟台富盛机电有限公司

金　　额：¥9 000.00

用　　途：委托加工费

单位主管：王志刚　会计：张翠花

烟台证券印制有限公司·2024 年印制

凭证34

烟台蓝海机械有限公司盘存单

单位（盖章）

编号：20240523　　　填表人：李斌　　　　盘点日期：2024 年 12 月 23 日

货物编号	货物名称	单位	账面数量	盘点数量	盘点人	复盘数量	复盘人	盘盈/亏数量	单位成本	盘盈/亏金额
A001	抗性消音器	件	1 370	1 355	李斌	1 355	孙旭阳	-15	245.80	-3 687.00
A002	铝合金油箱	件	737	737	李斌	737	孙旭阳	0	—	—
A003	有源消音器	件	160	160	李斌	160	孙旭阳	0	—	—

第三联　记账联

主盘人：王志刚　　　　盘点人：李　斌　　　　复盘人：孙旭阳

电子银行承兑汇票

中国农业银行
AGRICULTURAL BANK OF CHINA

出票日期：2024-06-24

汇票到期日：2025-12-24

票据状态：已签收

票据号码：13134560882022018062521 3377862

出票人	账 号	15376201040000181	收款方	账 号	15376101060003384559
	全 称	烟台蓝海机械有限公司		全 称	烟台伟业有限公司
	开 户 行	中国农业银行烟台莱山区支行		开 户 行	中国农业银行牟平区支行
	开户行号	103456039410		开户行号	103456038628
出票人保证信息	保证人账号： 保证人名称：		保证人开户行： 保证人开户行号：		
票据金额	小写：90 000.00		人民币（大写）：玖万元整		
承兑人	承兑人账号：— 承兑人名称：中国农业银行股份有限公司烟台莱山区支行		承兑人开户行：中国农业银行烟台莱山区支行 承兑人开户行号：103456039410		
交易合同号：	—		承兑信息	出票人承诺：本汇票请予以承兑，到期无条件付款	
是否可转让：	可再转让			承兑人承诺：本汇票已经承兑，到期无条件付款 承兑日期：2024-06-24	
承兑人保证信息	保证人账号： 保证人名称：		保证人开户行： 保证人开户行号：		
评级信息	出票人	评级主体：同安农行	信用等级：A		评级到期日：2025-12-24
备注：					

存货盘亏报告表

申请单位（盖章）

货物名称	抗性消音器	盘点时间	2024-12-23
盘亏数量	15	盘点人	李斌
单位成本	245.80	复盘人	孙旭阳
盘亏余额	3 687.00		
盘亏原因	由仓库管理员刘天宇失误造成。 仓库负责人（签名）： 2024 年 12 月 23 日		
盘亏处理	仓库管理员刘天宇赔偿20%盘亏损失737.40元，另外80%损失2 949.60元计入公司管理费用。 签章：赵文斌 2024 年 12 月 24 日		
总经理审批意见	同意 签章：孔德翔 2024 年 12 月 25 日		

收 OFFICIAL RECEIPT 据

No.6032446

2024 年 12 月 25 日

今 收 到			
刘天宇	交来	仓库管理失误罚	款

人民币（大写）柒佰叁拾柒元肆角整

（小写）￥737.40

现金收讫

（财务专用章：烟台蓝海机械有限公司）

收款单位（签章）：

第三联 记账联

出纳：孙旭阳	核准：王志刚	会计：张翠花	经手人：刘天宇

凭证 37

山东增值税专用发票

3700243130

此联不作报销、扣税凭证使用

№03349238　3700243130

№03349238

开票日期：2024 年 12 月 26 日

购买方	名　称：济南邦瑞机电有限公司 纳税人识别号：913701064P01T932R5 地址、电话：济南市天桥区莲花山路125号 0531-8180466 开户行及账号：农业银行济南天桥区支行 15376105130000219	密码区	112578<>*9974><<6<6>**58033 ++53>15>4-<+>/0<38+70/4230+ 09>>54115/+-+-*93+>6401/3/4 -*2+88++5/32>0--+150+6+*<2<

货物或应税劳务、服务名称	规格型号	单位	数量	单价	金额	税率	税额
*工业车辆*有源消音器		件	160	336.2831875	53 805.31	13%	6 994.69
合　计					￥53 805.31		￥6 994.69

价税合计（大写）	⊗陆万零捌佰圆整	（小写）￥60 800.00

销售方	名　称：烟台蓝海机械有限公司 纳税人识别号：913706129662085201 地址、电话：烟台市莱山区港城街100号 0535-6900119 开户行及账号：农行烟台莱山区支行 15376201040000181	备注	

第一联：记账联 销售方记账凭证

收款人：孙旭阳	复核：王志刚	开票人：张翠花	销售方：（章）

网上银行电子回单

中国农业银行
AGRICULTURAL BANK OF CHINA

电子回单号码：37650400934327423885

付款方	账　号	15376602060000335	收款方	账　号	15376201040000181
	户　名	淮坊和兴机械有限公司		户　名	烟台蓝海机械有限公司
	开户行	中国农业银行李沧区支行		开户行	中国农业银行烟台莱山区支行
金额（小写）		1 609.80	金额（大写）		壹仟陆佰零玖元捌角整
币种		人民币	交易渠道		EBNK
摘要		货款	凭证号		15376201040000181
交易时间		2024-12-27 16：11：24	会计日期		20241227
附言		公司破产清算，支付30%应付账款。			

中国农业银行股份有限公司
回单专用章

打印日期：2024-12-27

山东增值税电子普通发票

发票联

发票代码：037002400391
发票号码：65802356
开票日期：2024 年 12 月 28 日
校验码：58863 83939 22408 05544

机器编号：661701268278

购买方	名　　称：烟台蓝海机械有限公司
	纳税人识别号：913706129662085201
	地址、电话：烟台市莱山区港城街100号 0535-6900119
	开户行及账号：农行烟台莱山区支行 15376201040000181

密码区
1<6<6>*3458/373>*5803316352
5>4-<+>/0<3+8+508+75628-+6/
09>>23-+/>26401/3/42+-*93+>
5/320+6+*<2<>45+-0/-*22<>5+

货物或应税劳务、服务名称	规格型号	单位	数量	单价	金额	税率	税额
*防伪税控开票系统技术维护费			1	264.1500000	264.15	6%	15.85
合　计					¥264.15		¥15.85
价税合计（大写）	⊗贰佰捌拾圆整				（小写）¥280.00		

销货方	名　　称：烟台市航天信息有限公司	备注	烟台市航天信息有限公司 9137612MA88KL46322 发票专用章
	纳税人识别号：9137612MA88KL46322		
	地址、电话：莱山区迎春大街182号 0535-6988005		
	开户行及账号：农业银行莱山区支行 15376002040000783		

收款人：邱红梅　　复核：马明国　　开票人：邱红梅　　销售方：（章）

凭证39-2

<u>收 OFFICIAL RECEIPT 据</u>　　　　No.6035390

2024 年 12 月 28 日

今 收 到

烟台蓝海机械有限公司　　交来　防伪税控开票系统技术维护费　款

人民币（大写）贰佰捌拾元整

（小写）¥280.00

现金收讫

收款单位（签章）：

第二联　收据联

出纳：李媛媛　　核准：钱多多　　会计：　　　　经手人：

凭证40

厂房租金收入明细

单位：烟台蓝海机械有限公司　　　　　　　　　　　　　　所属期间：2024 年 12 月

项目	对方科目	确认日期	租金收入总额	期限	本期确认租金收入金额	累计确认收入期数	累计确认租金收入金额
厂房租金收入	预收账款	2024-12-29	¥33 027.52	6个月	¥5 504.57	6	¥33 027.52

会计：张翠花　　　　　　　财务主管：王志刚

凭证41-1

3700243130　　　　# 山东增值税专用发票　　№07660239　3700243130

抵 扣 联　　　　　　　　　　　　　№07660239

开票日期：2024 年 12 月 30 日

购买方	名　称：烟台蓝海机械有限公司 纳税人识别号：913706129662085201 地址、电话：烟台市莱山区港城街100号 0535-6900119 开户行及账号：农行烟台莱山区支行 15376201040000181	密码区	1<6<6>*6*580331373>63523*/ ++8+505>4-<+>+0<38+756/213- 09>>+-*346401/3/422458/93+> -*2+88++*<2<>0<20+6+1+/55/3

货物或应税劳务、服务名称	规格型号	单位	数量	单价	金额	税率	税额
*金属制品*铣床		台	1	150 442.48	150 442.48	13%	19 557.52
合　计					¥150 442.48		¥19 557.52

价税合计（大写）	⊗壹拾柒万圆整	（小写）¥170 000.00

销货方	名　称：烟台宝峰专用车有限公司 纳税人识别号：913702147MA55675L8 地址、电话：烟台市牟平区新城大街11号 0535-4773429 开户行及账号：农行牟平区支行 15376651060000779	备注	烟台宝峰专用车有限公司 913702147MA55675L8 发票专用章

第二联：抵扣联　购买方抵扣凭证

收款人：蒋宏运　　复核：陈康　　开票人：蒋宏运　　销售方：（章）

93

3700243130

山东增值税专用发票

№07660239

3700243130
№07660239

开票日期：2024 年 12 月 30 日

第三联：发票联　购买方记账凭证

购买方	名　　　称：烟台蓝海机械有限公司 纳税人识别号：913706129662085201 地址、电话：烟台市莱山区港城街100号　0535-6900119 开户行及账号：农行烟台莱山区支行　15376201040000181	密码区	1<6<6>*6*580331373>63523*/ ++8+505>4-<+>+0<38+756/213- 09>>+-*346401/3/422458/93+> -*2+88++*<2<>0<20+6+1+/55/3

货物或应税劳务、服务名称	规格型号	单位	数量	单价	金额	税率	税额
*金属制品*铣床		台	1	150 442.48	150 442.48	13%	19 557.52
合　计					¥150 442.48		¥19 557.52

价税合计（大写）	⊗壹拾柒万圆整	（小写）¥170 000.00

销货方	名　　　称：烟台宝峰专用车有限公司 纳税人识别号：913702147MA55675L8 地址、电话：烟台市牟平区新城大街11号　0535-4773429 开户行及账号：农行牟平区支行　15376651060000779	备注	烟台宝峰专用车有限公司 913702147MA55675L8 发票专用章

收款人：蒋宏运　　　复核：陈康　　　开票人：蒋宏运　　　销售方：（章）

中国农业银行
AGRICULTURAL BANK OF CHINA

网上银行电子回单

电子回单号码：37650400934327411352

付款方	账　号	15376651060000779	收款方	账　号	15376201040000181
	户　名	烟台宝峰专用车有限公司		户　名	烟台蓝海机械有限公司
	开户行	中国农业银行牟平区支行		开户行	中国农业银行烟台莱山区支行
金额（小写）		50 000.00	金额（大写）		伍万元整
币种		人民币	交易渠道		EBNK
摘要		投资	凭证号		15376201040000181
交易时间		2024-12-30　11：45：20	会计日期		20241230
附言					中国农业银行股份有限公司 回单专用章

打印日期：2024-12-30

债券投资摊余成本计算表

计息期间	期初摊余成本	投资收益	应收利息	摊销额	期末摊余成本
2024.1.1—2024.12.31	206 000.00	10 094.00	12 000.00	1 906.00	204 094.00
2025.1.1—2025.12.31	204 094.00	10 000.61	12 000.00	1 999.39	202 094.61
2026.1.1—2026.12.31	202 094.61	9 905.39	12 000.00	2 094.61	200 000.00

会计：张翠花　　　　　　　　　财务主管：王志刚

凭证43

固定资产减值申请表

2024 年 12 月 29 日

申请单位（盖章）

设备名称	锻压机床	原值（元）	43 604.00
设备编号	0403990012	累计折旧（元）	10 450.00
购买时间	2022 年 6 月	账面价值（元）	33 154.00
可回收金额（元）	30 000.00	资产减值损失（元）	3 154.00
尚可使用年限	4		

生产管理部门意见	设备工艺技术已落后，申请减值。 申请单位负责人（签名）：宋小宝 2024 年 12 月 29 日
财务部门意见	同意 签章：王志刚 2024 年 12 月 30 日
总经理审批意见	同意 签章：孔德翔 2024 年 12 月 31 日

凭证 44

坏账准备计提表

2024 年 12 月 31 日

单位盖章

账龄	应收账款金额	坏账准备计提率	坏账准备金额
1 年以内	104 500.71	3%	
1~2 年	121 400.00	5%	
2~3 年	59 750.00	10%	
3 年以上	162 048.00	20%	
合计	447 698.71	—	

会计：张翠花　　　　　　　　财务主管：王志刚

凭证 45

交易性金融资产成本与公允价值变动明细

时间	股票名称	股票数量（股）	股票单价（元）	股票成本（元）	公允价值变动（元）
2024 年 8 月 13 日	浪潮软件	45 000	20.00	900 000.00	0.00
2024 年 11 月 30 日	浪潮软件	45 000	22.10	900 000.00	94 500.00
2024 年 12 月 31 日	浪潮软件	45 000	22.60	900 000.00	117 000.00

会计：张翠花　　　　　　　　财务主管：王志刚

凭证 46

长期股权投资损益调整计算表

被投资单位	当年净利润（元）	宣告分配现金股利（元）	本公司出资比例	投资收益（元）	应收股利（元）
烟台海跃机械装备有限公司	96 000.00	30 000.00	30.00%	28 800.00	9 000.00

会计：张翠花　　　　　　　　财务主管：王志刚

99

烟台蓝海机械有限公司工资结算汇总表

2024 年 12 月　　　　　　　　　　　　　　　单位：元　　　人数：24 人

| 部门 | 基本工资 | 岗位工资 | 工龄工资 | 应付工资 | 代扣款项 | | | | | | 实发金额 |
					基本养老保险费	失业保险费	基本医疗保险费	住房公积金	合计	个人所得税	
生产车间	31 000.00	18 933.20	2 980.00	52 913.20	3 138.24	117.72	784.56	4 233.06	8 273.58	0.00	44 639.62
生产管理部门	2 500.00	1 952.20	700.00	5 152.20	261.52	9.81	65.38	412.18	748.89	0.00	4 403.31
行政部门	14 200.00	8 904.40	3 200.00	26 304.40	2 353.68	88.29	588.42	2 104.35	5 134.74	0.00	21 169.66
销售部门	4 000.00	2 032.20	1 120.00	7 152.20	523.04	19.62	130.76	572.17	1 245.59	0.00	5 906.61
合计	51 700.00	31 822.00	8 000.00	91 522.00	6 276.48	235.44	1 569.12	7 321.76	15 402.80	0.00	76 119.20

会计：张翠花　　　　复核：孙旭阳　　　　财务主管：王志刚　　　　总经理：孔德翔

凭证 47-2

产品生产工时

单位：烟台蓝海机械有限公司　　　　　　　　　　　所属期间：2024 年 12 月

产品名称	生产工时（小时）
抗性消音器	1 106
铝合金油箱	921

生产车间主管：孙思泽　　　　　　　会计：张翠花

凭证 47-3

工资费用分配表

单位：烟台蓝海机械有限公司　　　　　　　　　　　所属期间：2024 年 12 月

部门	借方科目	明细科目	工时（小时）	分配费用
生产部门	生产成本	抗性消音器	1 106	
		铝合金油箱	921	
生产管理部门	制造费用	职工薪酬	—	
行政管理部门	管理费用	职工薪酬	—	
销售部门	销售费用	职工薪酬	—	
合计			—	

会计：张翠花　　　　　　　　　　财务主管：王志刚

凭证 47-4

公司承担社会保险费用分配表

单位：烟台蓝海机械有限公司   所属期间：2024 年 12 月

部门	员工人数（人）	借方科目	明细科目	工时（小时）	分配费用
生产部门	12	生产成本	抗性消音器	1 106	
			铝合金油箱	921	
生产管理部门	1	制造费用	职工薪酬	—	
行政管理部门	9	管理费用	职工薪酬	—	
销售部门	2	销售费用	职工薪酬	—	
合计	24	—	—	—	

会计：张翠花   财务主管：王志刚

凭证 47-5

公司承担住房公积金费用分配表

单位：烟台蓝海机械有限公司   所属期间：2024 年 12 月

部门	借方科目	明细科目	上月工资（元）	工时（小时）	分配费用
生产部门	生产成本	抗性消音器	52 913.20	1 106	
		铝合金油箱		921	
生产管理部门	制造费用	职工薪酬	5 152.20	—	
行政管理部门	管理费用	职工薪酬	26 304.40	—	
销售部门	销售费用	职工薪酬	7 152.20	—	
合计			91 522.00	—	

会计：张翠花   财务主管：王志刚

凭证 47-6

工会经费费用分配表

单位：烟台蓝海机械有限公司   所属期间：2024 年 12 月

部门	借方科目	明细科目	上月工资（元）	工时（小时）	分配费用
生产部门	生产成本	抗性消音器	52 913.20	1 106	
		铝合金油箱		921	
生产管理部门	制造费用	职工薪酬	5 152.20	—	
行政管理部门	管理费用	职工薪酬	26 304.40	—	
销售部门	销售费用	职工薪酬	7 152.20	—	
合计			91 522.00	—	

会计：张翠花   财务主管：王志刚

凭证 48

水费分配表

单位：烟台蓝海机械有限公司　　　　　　　　　　　　　　　　所属期间：2024 年 12 月

部门	借方科目	明细科目	工时（小时）	分配比例	分配费用
生产车间	生产成本	抗性消音器	1 106	60%	
		铝合金油箱	921		
生产管理部门	制造费用	职工薪酬	—	20%	
行政管理部门	管理费用	职工薪酬	—	10%	
销售部门	销售费用	职工薪酬	—	10%	
合计			—	100%	

会计：张翠花　　　　　　　　　　　　　　财务主管：王志刚

凭证 49

电费分配表

单位：烟台蓝海机械有限公司　　　　　　　　　　　　　　　　所属期间：2024 年 12 月

部门	借方科目	明细科目	工时（小时）	分配比例	分配费用
生产车间	生产成本	抗性消音器	1 106	60%	
		铝合金油箱	921		
生产管理部门	制造费用	职工薪酬	—	20%	
行政管理部门	管理费用	职工薪酬	—	10%	
销售部门	销售费用	职工薪酬	—	10%	
合计			—	100%	

会计：张翠花　　　　　　　　　　　　　　财务主管：王志刚

凭证 50-1

固定资产折旧计算表

单位：烟台蓝海机械有限公司　　　　　　　　　　　　　　　　2024 年 12 月 31 日

固定资产种类	原值（元）	残值率（%）	使用年限（年）	月折旧率（%）	月折旧额（元）
建筑物	2 660 000.00	5%	20	0.39583333%	10 529.17
机器设备	4 858 272.00	5%	10	0.79166667%	38 461.32
办公设备	287 550.00	4%	5	1.60000000%	4 600.80
合计	7 805 822.00	—	—	—	53 591.29

会计：张翠花　　　　　　　　　　　　　　财务主管：王志刚

固定资产折旧分配表

单位：烟台蓝海机械有限公司   2024 年 12 月 31 日

固定资产 科目	建筑物		机器设备		办公设备		合计
	比例（%）	金额（元）	比例（%）	金额（元）	比例（%）	金额（元）	
制造费用	70%		100%		40%		
管理费用	20%		—		60%		
其他业务成本	10%		—		—		
合计	—		—		—		

会计：张翠花   财务主管：王志刚

凭证51

无形资产摊销计算表

单位：烟台蓝海机械有限公司   2024 年 12 月 31 日

无形资产种类	原值 （元）	残值率 （%）	使用年限 （年）	月摊销率 （%）	月摊销额 （元）
专利	480 000.00	5%	10	0.79166667%	3 800.00

会计：张翠花   财务主管：王志刚

凭证52-1

领 料 单

No.2024025

领料部门：__生产车间__   2024 年 12 月 03 日

单位：烟台蓝海机械有限公司

材料类别	名称及 规格	计量 单位	数量（吨）		计划单价 （元）	金额 （元）	用途	领料人 签字	
			请领	实领					第三联
钢板		吨	9	9	3 500.00	31 500.00	抗性消音器	贾凯鸿	记账联
铝合金		吨	2	2	13 300.00	26 600.00	铝合金油箱	贾凯鸿	
合计		吨	11	11		58 100.00			

仓库主管：赵文斌   发料人：刘天宇   领料部门主管：孙思泽

107

凭证 52-2

领 料 单

领料部门： 生产车间

2024 年 12 月 06 日

No.2024026

单位：烟台蓝海机械有限公司

材料类别	名称及规格	计量单位	数量（吨）		计划单价（元）	金额（元）	用途	领料人签字	
			请领	实领					第三联
钢板		吨	7	7	3 500.00	24 500.00	抗性消音器	贾凯鸿	记账联
合计		吨	7	7	3 500.00	24 500.00			

仓库主管： 赵文斌   发料人： 刘天宇   领料部门主管： 孙思泽

凭证 52-3

领 料 单

领料部门： 生产车间

2024 年 12 月 09 日

No.2024027

单位：烟台蓝海机械有限公司

材料类别	名称及规格	计量单位	数量（吨）		计划单价（元）	金额（元）	用途	领料人签字	
			请领	实领					第三联
铝合金		吨	1	1	13 300.00	13 300.00	铝合金油箱	杨文栋	记账联
合计		吨	1	1	13 300.00	13 300.00			

仓库主管： 赵文斌   发料人： 刘天宇   领料部门主管： 孙思泽

凭证 52-4

领 料 单

领料部门： 生产车间

2024 年 12 月 12 日

No.2024028

单位：烟台蓝海机械有限公司

材料类别	名称及规格	计量单位	数量（吨）		计划单价（元）	金额（元）	用途	领料人签字	
			请领	实领					第三联
钢板		吨	9	9	3 500.00	31 500.00	抗性消音器	杨文栋	记账联
铝合金		吨	2.3	2.3	13 300.00	30 590.00	铝合金油箱	杨文栋	
合计		吨	11.3	11.3		62 090.00			

仓库主管： 赵文斌   发料人： 刘天宇   领料部门主管： 孙思泽

凭证 52-5

领 料 单

2024 年 12 月 15 日

No.2024029

领料部门： 生产车间
单位：烟台蓝海机械有限公司

材料类别	名称及规格	计量单位	数量（吨）		计划单价（元）	金额（元）	用途	领料人签字
			请领	实领				
钢板		吨	7.5	7.5	3 500.00	26 250.00	抗性消音器	贾凯鸿
合计		吨	7.5	7.5	3 500.00	26 250.00		

仓库主管：赵文斌　　　　发料人：刘天宇　　　　领料部门主管：孙思泽

第三联　记账联

凭证 52-6

领 料 单

2024 年 12 月 18 日

No.2024030

领料部门： 生产车间
单位：烟台蓝海机械有限公司

材料类别	名称及规格	计量单位	数量（吨）		计划单价（元）	金额（元）	用途	领料人签字
			请领	实领				
钢板		吨	7	7	3 500.00	24 500.00	抗性消音器	贾凯鸿
铝合金		吨	1.3	1.3	13 300.00	17 290.00	铝合金油箱	贾凯鸿
合计		吨	8.3	8.3		41 790.00		

仓库主管：赵文斌　　　　发料人：刘天宇　　　　领料部门主管：孙思泽

第三联　记账联

凭证 52-7

领 料 单

2024 年 12 月 22 日

No.2024031

领料部门： 生产车间
单位：烟台蓝海机械有限公司

材料类别	名称及规格	计量单位	数量（吨）		计划单价（元）	金额（元）	用途	领料人签字
			请领	实领				
钢板		吨	6	6	3 500.00	21 000.00	抗性消音器	杨文栋
铝合金		吨	3	3	13 300.00	39 900.00	铝合金油箱	杨文栋
合计		吨	9	9		60 900.00		

仓库主管：赵文斌　　　　发料人：刘天宇　　　　领料部门主管：孙思泽

第三联　记账联

凭证 52-8

领 料 单

No.2024032

领料部门：　生产车间　　　　　　　　　　2024 年 12 月 25 日

单位：烟台蓝海机械有限公司

材料类别	名称及规格	计量单位	数量（吨）		计划单价（元）	金额（元）	用途	领料人签字
			请领	实领				
钢板		吨	9	9	3 500.00	31 500.00	抗性消音器	贾凯鸿
合计		吨	9	9	3 500.00	31 500.00		

第三联　记账联

仓库主管：　赵文斌　　　　　　发料人：刘天宇　　　　　　领料部门主管：孙思泽

凭证 52-9

领 料 单

No.2024033

领料部门：　生产车间　　　　　　　　　　2024 年 12 月 29 日

单位：烟台蓝海机械有限公司

材料类别	名称及规格	计量单位	数量（吨）		计划单价（元）	金额（元）	用途	领料人签字
			请领	实领				
钢板		吨	8	8	3 500.00	28 000.00	抗性消音器	贾凯鸿
合计		吨	8	8	3 500.00	28 000.00		

第三联　记账联

仓库主管：　赵文斌　　　　　　发料人：刘天宇　　　　　　领料部门主管：孙思泽

凭证 52-10

材料成本差异率计算表

单位：烟台蓝海机械有限公司　　　　　　　　　　日期：2024 年 12 月 31 日

材料类别	月初结存差异	本月收料差异	月初结存计划成本	本月收料计划成本	差异率
钢板	−3 500.00	−3 450.00	245 000.00	241 500.00	−1.428571%
铝合金	2 500.00	1 900.00	166 250.00	106 400.00	1.613791%

会计：张翠花　　　　　　财务主管：王志刚

材料收发存汇总表

单位：烟台蓝海机械有限公司　　　　　　　　2024 年 12 月 31 日

材料类别	计量单位	计划单价（元）	期初结存			本期收入			差异率	本期发出				期末结存		
			数量	计划成本（元）	差异（元）	数量	计划成本（元）	差异（元）		用途	数量	计划成本（元）	差异（元）	数量	计划成本（元）	差异（元）
钢板	吨	3 500.00	70.00	245 000.00	-3 500.00	69.00	241 500.00	-3 450.00	-1.428571%	委托加工材料	10.00	35 000.00	-500.00	66.50	232 750.00	-3 325.00
										抗性消音器	62.50	218 750.00	-3 125.00			
铝合金	吨	13 300.00	12.50	166 250.00	2 500.00	8.00	106 400.00	1 900.00	1.613791	铝合金油箱	9.60	127 680.00	2 060.49	10.90	144 970.00	2 339.51

会计：张翠花　　　　　　　　财务主管：王志刚

制造费用分配表

单位：烟台蓝海机械有限公司　　　　　　　　2024 年 12 月 31 日

科目 ＼ 制造费用	工时（小时）	办公用品（元）	水电费（元）	职工薪酬（元）	折旧（元）	分配金额（元）
生产成本——抗性消音器	1 106					
生产成本——铝合金油箱	921					
合计	2 027					

会计：张翠花　　　　　　　　财务主管：王志刚

产成品入库单

No.20245683

类别：　生产车间　

单位：烟台蓝海机械有限公司　　　　　　　　入库时间：2024 年 12 月 04 日

产品名称	产品规格	单位	数量	交货人	库管员确认	备注
抗性消音器		件	150	贾凯鸿	刘天宇	
合　计		件	150			

第三联　记账联

质量检验：刘天宇　　　　　　　　仓库主管：赵文斌

凭证 54-2

产成品入库单

No.20245684

类别：　生产车间

单位：　烟台蓝海机械有限公司

入库时间：2024 年 12 月 05 日

产品名称	产品规格	单位	数量	交货人	库管员确认	备注
铝合金油箱		件	100	杨文栋	刘天宇	
合　计		件	100			

第三联　记账联

质量检验：刘天宇

仓库主管：赵文斌

凭证 54-3

产成品入库单

No.20245685

类别：　生产车间

单位：　烟台蓝海机械有限公司

入库时间：2024 年 12 月 09 日

产品名称	产品规格	单位	数量	交货人	库管员确认	备注
抗性消音器		件	250	贾凯鸿	刘天宇	
合　计		件	250			

第三联　记账联

质量检验：刘天宇

仓库主管：赵文斌

凭证 54-4

产成品入库单

No.20245686

类别：　生产车间

单位：　烟台蓝海机械有限公司

入库时间：2024 年 12 月 09 日

产品名称	产品规格	单位	数量	交货人	库管员确认	备注
铝合金油箱		件	150	杨文栋	刘天宇	
合　计		件	150			

第三联　记账联

质量检验：刘天宇

仓库主管：赵文斌

凭证 54-5

产成品入库单

No.20245687

类别： 生产车间

单位： 烟台蓝海机械有限公司

入库时间：2024 年 12 月 19 日

产品名称	产品规格	单位	数量	交货人	库管员确认	备注
抗性消音器		件	400	贾凯鸿	刘天宇	
合　计		件	400			

第三联　记账联

质量检验： 刘天宇　　　　　　　仓库主管： 赵文斌

凭证 54-6

产成品入库单

No.20245688

类别： 生产车间

单位： 烟台蓝海机械有限公司

入库时间：2024 年 12 月 21 日

产品名称	产品规格	单位	数量	交货人	库管员确认	备注
有源消音器		件	160	朱志刚	刘天宇	
合　计		件	160			

第三联　记账联

质量检验： 刘天宇　　　　　　　仓库主管： 赵文斌

凭证 54-7

产成品入库单

No.20245689

类别： 生产车间

单位： 烟台蓝海机械有限公司

入库时间：2024 年 12 月 23 日

产品名称	产品规格	单位	数量	交货人	库管员确认	备注
铝合金油箱		件	200	杨文栋	刘天宇	
合　计		件	200			

第三联　记账联

质量检验： 刘天宇　　　　　　　仓库主管： 赵文斌

119

产成品入库单

类别： 生产车间

单位： 烟台蓝海机械有限公司　　　　　　　　　　　　入库时间：2024 年 12 月 27 日

产品名称	产品规格	单位	数量	交货人	库管员确认	备注
抗性消音器		件	450	贾凯鸿	刘天宇	
合　计		件	450			

第三联　记账联

质量检验： 刘天宇　　　　　　　　　　仓库主管： 赵文斌

产品生产量、销售量统计表

单位： 烟台蓝海机械有限公司　　　　　　　　　　　日期：2024 年 12 月 31 日

产品	期初数量（件）	生产量（件）	销售量（件）	盘亏数量（件）	期末数量（件）
抗性消音器	3 430	1 250	2 860	15	1 805
铝合金油箱	1 187	450	700	—	937
有源消音器	0	160	160	—	0

会计： 张翠花　　　　　　　　　　财务主管： 王志刚

产品工序汇总表

单位： 烟台蓝海机械有限公司

产品	第1道工序	第2道工序	第3道工序	第4道工序	第5道工序
抗性消音器	20%	30%	15%	25%	10%
铝合金油箱	30%	40%	10%	20%	—

会计： 张翠花　　　　　　　　　　生产车间主管： 孙思泽

产品约当量计算表

单位：烟台蓝海机械有限公司　　　　　　　　　　　　　　　　日期：2024年12月31日

产品	完工量	在产量	在产品约当量	总约当量
抗性消音器	1 250	985	886.5	2 136.5
铝合金油箱	450	485	388	838

会计：张翠花　　　　　　　　　　　　财务主管：王志刚

注：截至月底，抗性消音器完工程度为90%，铝合金油箱完工程度为80%。

凭证 54-12

抗性消音器库存商品、在产品分配表

单位：烟台蓝海机械有限公司　　　　　　　　　　　　　　　　日期：2024年12月31日

生产成本——抗性消音器	直接动力	直接材料	直接人工	制造费用	合　计
期　初	1 719.66	184 326.86	40 487.26	30 243.49	256 777.27
本月发生	1 465.97	215 625.00	37 259.21	30 304.39	284 654.57
合　计	3 185.63	399 951.86	77 746.47	60 547.88	541 431.84
分配率	1.491051	178.949378	36.389642	28.339752	—
库存商品	1 863.81	223 686.72	46 487.05	35 424.69	306 462.28
在产品	1 321.82	176 265.14	32 259.42	25 123.19	234 969.56

会计：张翠花　　　　　　　　　　　　财务主管：王志刚

凭证 54-13

铝合金油箱库存商品、在产品分配表

单位：烟台蓝海机械有限公司　　　　　　　　　　　　　　　　日期：2024年12月31日

生产成本——铝合金油箱	直接动力	直接材料	直接人工	制造费用	合　计
期　初	1 480.34	108 989.13	34 852.74	26 034.58	171 356.79
本月发生	1 220.75	129 740.49	31 026.88	25 235.40	187 223.52
合　计	2 701.09	238 729.62	65 879.62	51 269.98	358 580.31
分配率	3.223258	255.325797	78.615298	61.181360	—
库存商品	1 450.47	114 896.61	35 376.88	27 531.61	179 255.57
在产品	1 250.62	123 833.01	30 502.74	23 738.37	179 324.74

会计：张翠花　　　　　　　　　　　　财务主管：王志刚

凭证54-14

有源消音器委托加工成本计算单

单位：烟台蓝海机械有限公司　　　　　　　　　　　　　　　　　日期：2024年12月31日

委托加工物资——有源消音器	直接材料	委托加工费	合　计
期　初	0.00	0.00	0.00
本月发生	34 500.00	7 964.60	42 464.60
合　计	34 500.00	7 964.60	42 464.60
库存商品	34 500.00	7 964.60	42 464.60
在 产 品	0.00	0.00	0.00

会计：张翠花　　　　　　　　　财务主管：王志刚

凭证55-1

产成品出库单

No.20248601

购货单位：威海华山机械有限公司

业务员：徐瑞诚　　　　　　　　　　　　　　　　　出库时间：2024年12月03日

产品名称	产品规格	单位	销售数量	实发数量	库管员确认	备注
抗性消音器		件	2 860	2 860	刘天宇	
合　计		件	2 860	2 860		

第三联　记账联

发货人：刘天宇　　　　　　　　　仓库主管：赵文斌

凭证55-2

产成品出库单

No.20248602

购货单位：济南信达汽车配件有限公司

业务员：徐瑞诚　　　　　　　　　　　　　　　　　出库时间：2024年12月15日

产品名称	产品规格	单位	销售数量	实发数量	库管员确认	备注
铝合金油箱		件	700	700	刘天宇	
合　计		件	700	700		

第三联　记账联

发货人：刘天宇　　　　　　　　　仓库主管：赵文斌

凭证 55-3

产成品出库单

No.20248603

购货单位：济南邦瑞机电有限公司

业务员：王超

出库时间：2024 年 12 月 26 日

产品名称	产品规格	单位	销售数量	实发数量	库管员确认	备注
有源消音器		件	160	160	刘天宇	
合　计		件	160	160		

发货人：刘天宇　　　　　　　　仓库主管：赵文斌

第三联　记账联

凭证 55-4

加权平均法计算单位产品成本

单位：烟台蓝海机械有限公司

日期：2024 年 12 月 31 日

产品	期初存货（元）	发生盘亏（元）	本期生产（元）	可供出售成本（元）	账面数量（件）	盘亏数量（件）	可供出售数量（件）	单位产品成本（元）
抗性消音器	843 094.00	3 687.00	306 462.28	1 145 869.28	4 680	15	4 665	245.631143
铝合金油箱	457 113.70	—	179 255.57	636 369.27	1 637		1 637	388.741155
有源消音器	0.00	—	42 464.60	42 464.60	160		160	265.403750

会计：张翠花　　　　　　　　财务主管：王志刚

凭证 55-5

产品主营业务成本计算表

单位：烟台蓝海机械有限公司

日期：2024 年 12 月 31 日

产品	销售量（件）	单位产品成本（元）	主营业务成本（元）
抗性消音器			
铝合金油箱			
有源消音器			

会计：张翠花　　　　　　　　财务主管：王志刚

127

应交增值税计算表

单位：烟台蓝海机械有限公司　　　　　　　　　　　　　　　　　　　所属期：2024年12月

销项税额（元）	进项税额（元）	减免额（元）	应交增值税（元）
175 282.07	87 243.71	280.00	87 758.36

会计：张翠花　　　　　　　　　财务主管：王志刚

城市维护建设税计算表

单位：烟台蓝海机械有限公司　　　　　　　　　　　　　　　　　　　所属期：2024年12月

应交增值税（元）	本月应交城市维护建设税总额		报废数控机床已计提城建税（元）	月底计提城市维护建设税（元）
	税率	金额（元）		
87 758.36	7%			

会计：张翠花　　　　　　　　　财务主管：王志刚

教育费附加计算表

单位：烟台蓝海机械有限公司　　　　　　　　　　　　　　　　　　　所属期：2024年12月

应交增值税（元）	本月应交教育费附加总额		报废数控机床已计提教育费附加（元）	月底计提教育费附加（元）
	税率	金额		
87 758.36	3%			

会计：张翠花　　　　　　　　　财务主管：王志刚

城镇土地使用税计算表

单位：烟台蓝海机械有限公司　　　　　　　　　　　　　　　　　　　所属期：2024年12月

项目	土地总面积（平方米）	土地等级	核定税额标准（元）	年应交土地使用税（元）	本季度应交土地使用税（元）
城镇土地使用税	2 600.00	城市土地——土地二级	8		

会计：张翠花　　　　　　　　　财务主管：王志刚

房产税计算表

单位：烟台蓝海机械有限公司　　　　　　　　　　　　　　　　所属期：2024 年 12 月

项目	原值	第四季度租金收入	计税比例	税率	第四季度应交土地使用税（元）
建筑物自用部分	2 394 000.00	—	70.00%	1.2%	
建筑物出租部分	266 000.00	13 761.42	—	12%	
合　计	2 660 000.00	—	—	—	

会计：张翠花　　　　　　　　　　财务主管：王志刚

收入类科目汇总表

单位：烟台蓝海机械有限公司　　　　　　　　　　　　　　　　所属期：2024 年 12 月

序号	收入性损益科目	金额（元）
1	主营业务收入	
2	其他业务收入	
3	公允价值变动损益（收入）	
4	投资收益（收入）	
5	合　计	

会计：张翠花　　　　　　　　　　财务主管：王志刚

费用类科目汇总表

单位：烟台蓝海机械有限公司　　　　　　　　　　　　　　　　所属期：2024 年 12 月

序号	费用性损益科目	金额（元）	序号	费用性损益科目	金额（元）
1	主营业务成本		6	财务费用	
2	其他业务成本		7	资产减值损失	
3	税金及附加		8	信用减值损失	
4	销售费用		9	营业外支出	
5	管理费用		10	合　计	

会计：张翠花　　　　　　　　　　财务主管：王志刚

当期所得税费用计算表

单位：烟台蓝海机械有限公司 　　　　　　　　　　　　　　　　　时间：2024 年 12 月 31 日

序号	项目	金额（元）
1	全年税前会计利润	2 137 813.64
2	加：纳税调整增加额	18 071.82
3	其中：非公益性捐赠	10 000.00
4	业务招待费	3 572.00
5	固定资产减值准备	3 154.00
6	坏账准备	1 345.82
7	减：纳税调整减少额	51 300.00
8	其中：公允价值变动损益	22 500.00
9	根据被投资单位税后利润确定的投资收益	28 800.00
10	应纳税所得额	2 104 585.46
11	适用税率	25%
12	应交所得税税额	526 146.37
13	减：预缴所得税税额	84 440.86
14	减免所得税税额	420 917.09
15	本期应补（退）的所得税税额	20 788.42

会计：张翠花 　　　　　　　　　　　财务主管：王志刚

递延所得税费用计算表

单位：烟台蓝海机械有限公司 　　　　　　　　　　　　　　　　　时间：2024 年 12 月 31 日

调整事项	应纳税暂时性差异（元）	可抵扣暂时性差异（元）	递延所得税资产（元）	递延所得税负债（元）
交易性金融资产	117 000.00	—	—	5 850.00
固定资产	—	3 154.00	157.70	—
应收账款	—	47 589.62	2 379.48	—
长期股权投资	19 800.00	—	—	990.00
本期末暂时性差异合计	136 800.00	50 743.62	—	—
本期末递延所得税资产（负债）	—	—	2 537.18	6 840.00
本期初递延所得税资产（负债）	—	—	5 000.00	9 450.00
本期应确认的递延所得税资产（负债）	—	—	-2 462.82	-2 610.00
递延所得税费用	—	—	-147.18	

会计：张翠花 　　　　　　　　　　　财务主管：王志刚

凭证61

所得税费用汇总表

单位：烟台蓝海机械有限公司 　　　　　　　　　　　　　　　　　　所属期：2024年12月

总分类科目	明细	借贷方向	金额（元）
所得税费用	当期所得税	借	
所得税费用	递延所得税	借	
合　计		借	

会计：张翠花　　　　　　　　　财务主管：王志刚

凭证62

计提盈余公积计算表

单位：烟台蓝海机械有限公司 　　　　　　　　　　　　　　　　　　所属期：2024年12月

项目	计提依据			计提率	计提金额（元）
	本年净利润（元）	以前年度未弥补亏损（元）	扣除以前年度亏损后净利润（元）		
法定盈余公积		0.00		10%	
任意盈余公积		0.00		10%	
合　计					

会计：张翠花　　　　　　　　　财务主管：王志刚

凭证63

股利分配计算表

单位：烟台蓝海机械有限公司 　　　　　　　　　　　　　　　　　　所属期：2024年

项目	本年净利润	分配金额	分配率
应付股利	2 032 731.55	300 000.00	14.76%

会计：张翠花　　　　　　　　　财务主管：王志刚

凭证64

结转本年利润与已分配利润计算表

单位：烟台蓝海机械有限公司 　　　　　　　　　　　　　　　　　　所属期：2024年

项目	金额（元）	项目	金额（元）
提取法定盈余公积		本年实现净利润	
提取任意盈余公积		本年未分配利润	
应付股利		年初未分配利润	
合　计		年末未分配利润	

会计：张翠花　　　　　　　　　财务主管：王志刚

第八篇　财务报表编制

（一）财务报表概念及作用

财务报表是综合反映企业一定时期财务状况和经营成果的文件，是财务会计报告的重要组成部分，是企业向外传递会计信息的主要途径。财务报表主要包括资产负债表、利润表、现金流量表、所有者权益变动表及附注。

资产负债表是反映企业在某一特定日期财务状况的财务报表。该报表能提供企业拥有或者控制的资源及其分布、财务结构、资产的变现能力、偿债能力等方面的信息。

利润表是反映企业在一定会计期间经营成果的财务报表。该报表能提供企业利润的形成渠道、企业的获利能力、成本费用的高低，以及控制情况等方面的信息。

现金流量表是反映企业在一定会计期间现金和现金等价物流入和流出状况的财务报表。该报表能提供企业筹资活动、投资活动和经营活动等所产生的现金流量等方面的信息。

所有者权益变动表是反映公司构成所有者权益的各组成部分当期的增减变动情况的报表。该报表能提供所有者权益的取得渠道、结构变动及其原因等方面的信息。

财务报表附注是对财务报表中列示项目所作的进一步说明，以及对未能在报表中列示的项目的补充说明等。这些信息有助于报表使用者进一步理解和分析公司的财务状况、经营成果、现金流量，以及所有者权益变动情况等信息。

编制财务报表的目的，在于提供有助于使用者进行经济决策的财务信息。公司财务报表的使用者包括现有和潜在的投资人、债权人、公司经营者、政府部门和社会公众等。

财务报表的具体作用表现在以下三个方面：

（1）有助于投资人和债权人等了解企业的财务状况与经营成果，并进行合理决策。企业现有和潜在的投资人要依据财务报表提供的信息，作出是否投资以及如何投资等决策；债权人要作出是否贷款以及贷款规模等决策；政府部门（包括财政、税务、工商及证券管理部门等）可以根据财务报表提供的信息，了解企业执行国家法律法规的情况以及是否及时足额缴纳税费等情况。

（2）有助于公司加强和改善内部经营管理。公司管理者可以通过财务报表了解企业的财务状况和经营成果，检查企业预算和计划的执行情况，以利于加强和改善企业经营管理，合理利用资源，作出科学的经营决策。

（3）有利于政府机构制定宏观产业政策，进行宏观调控。国家政府机构通过层层汇总的财务报表，可以掌握某一行业、地区、部门乃至全国企业的经济活动情况，进行国民经济的宏观调控，促进社会资源的合理有效配置。

（二）资产负债表

烟台蓝海机械有限公司2024年11月30日的资产负债表见表8-1。

表 8-1
资产负债表

编制单位：烟台蓝海机械有限公司　　　　　2024 年 11 月 30 日　　　　　单位：元

资　产	行次	期末余额	年初余额	负债和所有者权益（或股东权益）	行次	期末余额	年初余额
流动资产：				流动负债：			
货币资金	1	1 554 518.47	1 912 584.83	短期借款	30		980 000.00
交易性金融资产	2	994 500.00	630 000.00	交易性金融负债	31	—	—
衍生金融资产	3	—		衍生金融负债	32	—	—
应收票据	4	75 000.00	59 000.00	应付票据	33	140 000.00	190 000.00
应收账款	5	1 072 264.71	1 344 251.35	应付账款	34	671 024.10	703 385.00
应收款项融资	6	—	—	预收款项	35	5 504.57	83 175.65
预付款项	7	30 000.00	40 505.00	合同负债	36	—	—
其他应收款	8	15 402.80	15 473.68	应付职工薪酬	37	91 522.00	120 627.26
存货	9	2 138 591.76	1 754 033.61	应交税费	38	77 321.50	92 476.65
一年内到期的非流动资产	10	—	—	其他应付款	39	84 375.00	738 480.00
其他流动资产	11			一年内到期的非流动负债	40		
流动资产合计	12	5 880 277.74	5 755 848.47	其他流动负债	41		
非流动资产：				流动负债合计	42	1 069 747.17	2 908 144.56
债权投资	13	206 000.00	—	非流动负债：			
其他债权投资	14	—	—	长期借款	43	820 000.00	1 080 000.00
长期应收款	15			应付债券	44	—	—
长期股权投资	16	600 000.00	600 000.00	其中：优先股	45	—	—
其他权益工具投资	17	—	—	永续债	46	—	—
其他非流动金融资产	18	—	—	长期应付款	47	—	—
投资性房地产	19			预计负债	48	—	—
固定资产	20	6 120 653.67	6 696 490.33	递延收益	49	—	—
在建工程	21	—	—	递延所得税负债	50	9 450.00	7 650.00
无形资产	22	420 000.00	461 800.00	其他非流动负债	51	—	—
开发支出	23	—	—	非流动负债合计	52	829 450.00	1 087 650.00
商誉	24	—	—	负债合计	53	1 899 197.17	3 995 794.56

138

资　产	行次	期末余额	年初余额	负债和所有者权益（或股东权益）	行次	期末余额	年初余额
长期待摊费用	25	—	—	所有者权益（或股东权益）：			
递延所得税资产	26	5 000.00	4 390.00	实收资本（或股本）	54	7 850 000.00	7 850 000.00
其他非流动资产	27	—	—	其他权益工具	55	—	—
非流动资产合计	28	7 351 653.67	7 762 680.33	其中：优先股	56	—	—
				永续债	57	—	—
				资本公积	58	280 000.00	280 000.00
				减：库存股	59	—	—
				其他综合收益	60	—	—
				专项储备	61	—	—
				盈余公积	62	470 104.70	470 104.70
				本年利润	63	1 810 000.00	—
				未分配利润	64	922 629.54	922 629.54
				所有者权益（或股东权益）合计	65	11 332 734.24	9 522 734.24
资产总计	29	13 231 931.41	13 518 528.80	负债和所有者权益（或股东权益）总计	66	13 231 931.41	13 518 528.80

资产负债表修订新增项目说明：

（1）"交易性金融资产"项目，反映资产负债表日企业分类为以公允价值计量且其变动计入当期损益的金融资产，以及企业持有的指定为以公允价值计量且其变动计入当期损益的金融资产的期末账面价值。该项目应根据"交易性金融资产"科目的相关明细科目的期末余额分析填列。自资产负债表日起超过一年到期且预期持有超过一年的以公允价值计量且其变动计入当期损益的非流动金融资产的期末账面价值，在"其他非流动金融资产"项目中反映。

（2）"应收票据"项目，反映资产负债表日以摊余成本计量的、企业因销售商品、提供服务等收到的商业汇票，包括银行承兑汇票和商业承兑汇票。该项目应根据"应收票据"科目的期末余额，减去"坏账准备"科目中相关坏账准备期末余额后的金额分析填列。

（3）"应收账款"项目，反映资产负债表日以摊余成本计量的、企业因销售商品、提供服务等经营活动应收取的款项。该项目应根据"应收账款"科目的期末余额，减去"坏账准备"科目中相关坏账准备期末余额后的金额分析填列。

（4）"应收款项融资"项目，反映资产负债表日以公允价值计量且其变动计入其他综合收益的应收票据和应收账款等。

（5）"其他应收款"项目，应根据"应收利息"、"应收股利"和"其他应收款"科目的期末余额合计数，减去"坏账准备"科目中相关坏账准备期末余额后的金额填列。其中的"应收利息"仅反映相关金融工具已到期可收取但于资产负债表日尚未收到的利息。基于实际利率法计提的金融工具的利息应包含在相应金融工具的账面余额中。

（6）"债权投资"项目，反映资产负债表日企业以摊余成本计量的长期债权投资的期末账面价值。该项目应根据"债权投资"科目的相关明细科目期末余额，减去"债权投资减值准备"科目中相关减值准备的期末余额后的金额分析填列。自资产负债表日起一年内到期的长期债权投资的期末账面价值，在"一年内到期的非流动资产"项目中反映。企业购入的以摊余成本计量的一年内到期的债权投资的期末账面价值，在"其他流动资产"项目中反映。

（7）"固定资产"项目，反映资产负债表日企业固定资产的期末账面价值和企业尚未清理完毕的固定资产清理净损益。该项目应根据"固定资产"科目的期末余额，减去"累计折旧"和"固定资产减值准备"科目的期末余额后的金额，以及"固定资产清理"科目的期末余额填列。

（8）"应付票据"项目，反映资产负债表日以摊余成本计量的、企业因购买材料、商品和接受服务等开出、承兑的商业汇票，包括银行承兑汇票和商业承兑汇票。该项目应根据"应付票据"科目的期末余额填列。

（9）"应付账款"项目，反映资产负债表日以摊余成本计量的、企业因购买材料、商品和接受服务等经营活动应支付的款项。该项目应根据"应付账款"和"预付账款"科目所属的相关明细科目的期末贷方余额合计数填列。

（10）"其他应付款"项目，应根据"应付利息"、"应付股利"和"其他应付款"科目的期末余额合计数填列。其中的"应付利息"仅反映相关金融工具已到期应支付但于资产负债表日尚未支付的利息。基于实际利率法计提的金融工具的利息应包含在相应金融工具的账面余额中。

（三）利润表

1.烟台蓝海机械有限公司2024年1—11月的利润表见表8-2。

表8-2
利润表

单位：烟台蓝海机械有限公司　　　　　2024年1—11月　　　　　单位：元

项　　目	行次	1—11月累计数
一、营业收入	1	10 905 248.54
减：营业成本	2	8 114 420.37
税金及附加	3	209 184.33
销售费用	4	291 445.65
管理费用	5	389 668.47
研发费用	6	0.00
财务费用	7	112 993.41
其中：利息费用	8	226 789.82
利息收入	9	113 796.41
加：其他收益	10	0.00
投资收益（损失以"-"号填列）	11	45 302.45
其中：对联营企业和合营企业的投资收益	12	0.00
公允价值变动收益（损失以"-"号填列）	13	84 000.00

项　目	行次	1—11月累计数
信用减值损失（损失以"-"号填列）	14	- 1 545.20
资产减值损失（损失以"-"号填列）	15	- 7 397.20
资产处置收益（损失以"-"号填列）	16	0.00
二、营业利润（亏损以"-"号填列）	17	1 907 896.36
加：营业外收入	18	0.00
减：营业外支出	19	13 455.50
三、利润总额（亏损以"-"号填列）	20	1 894 440.86
减：所得税费用	21	84 440.86
四、净利润（净亏损以"-"号填列）	22	1 810 000.00
（一）持续经营净利润（净亏损以"-"号填列）	23	1 810 000.00
（二）终止经营净利润（净亏损以"-"号填列）	24	0.00
五、其他综合收益的税后净额	25	0.00
六、综合收益总额	26	1 810 000.00
七、每股收益：	27	—
（一）基本每股收益	28	0.92
（二）稀释每股收益	29	0.92

2.烟台蓝海机械有限公司2023年度的利润表^①见表8-3。

表8-3　　　　　　　　　　　　　　　　利润表

单位：烟台蓝海机械有限公司　　　　　　　2023年度　　　　　　　　　　　单位：元

项　目	行次	金　额
一、营业收入	1	10 072 930.32
减：营业成本	2	7 212 621.83
税金及附加	3	190 333.07
销售费用	4	290 508.00
管理费用	5	370 648.60
研发费用	6	—
财务费用	7	140 245.54
其中：利息费用	8	81 290.00
利息收入	9	74 281.24
加：其他收益	10	0.00
投资收益（损失以"-"号填列）	11	45 630.96

---

① 第九篇财务报表分析中将用到2023年度的利润表数据。

项 目	行次	金 额
其中：对联营企业和合营企业的投资收益	12	—
公允价值变动收益（损失以"-"号填列）	13	75 420.00
信用减值损失（损失以"-"号填列）	14	-2 340.70
资产减值损失（损失以"-"号填列）	15	-6 249.30
资产处置收益（损失以"-"号填列）	16	
二、营业利润（亏损以"-"号填列）	17	1 981 034.24
加：营业外收入	18	—
减：营业外支出	19	18 420.22
三、利润总额（亏损以"-"号填列）	20	1 962 614.02
减：所得税费用	21	162 090.53
四、净利润（净亏损以"-"号填列）	22	1 800 523.49
（一）持续经营净利润（净亏损以"-"号填列）	23	1 800 523.49
（二）终止经营净利润（净亏损以"-"号填列）	24	—
五、其他综合收益的税后净额	25	
六、综合收益总额	26	1 800 523.49
七、每股收益：	27	
（一）基本每股收益	28	0.92
（二）稀释每股收益	29	0.92

利润表修订新项目说明：

（1）"财务费用"项目下的"利息费用"项目，反映企业为筹集生产经营所需资金等而发生的应予费用化的利息支出。该项目应根据"财务费用"科目的相关明细科目的发生额分析填列。该项目作为"财务费用"项目的其中项，以正数填列。

（2）"财务费用"项目下的"利息收入"项目，反映企业按照相关会计准则确认的应冲减财务费用的利息收入。该项目应根据"财务费用"科目的相关明细科目的发生额分析填列。该项目作为"财务费用"项目的其中项，以正数填列。

（3）"信用减值损失"项目，反映企业按照《企业会计准则第22号——金融工具确认和计量》（财会〔2017〕7号）的要求计提的各项金融工具信用减值准备所确认的信用损失。该项目应根据"信用减值损失"科目的发生额分析填列。

（4）"营业外支出"项目，反映企业发生的除营业利润以外的支出，主要包括公益性捐赠支出、非常损失、盘亏损失、非流动资产毁损报废损失等。该项目应根据"营业外支出"科目的发生额分析填列。"非流动资产毁损报废损失"通常包括因自然灾害发生毁损、已丧失使用功能等原因而报废清理产生的损失。企业在不同交易中形成的非流动资产毁损报废利得和损失不得相互抵销，应分别在"营业外收入"项目和"营业外支出"项目中进行填列。

（四）所有者权益变动表

烟台蓝海机械有限公司2023年度的所有者权益变动表见表8-4。

表8-4

编制单位：烟台蓝海机械有限公司

所有者权益变动表

2023年度

单位：元

项目	2023年金额								
	实收资本	其他权益工具			资本公积	减：库存股	其他综合收益	盈余公积	未分配利润	所有者权益合计
		优先股	永续债	其他						
一、上年年末余额	7 850 000.00				280 000.00			110 000.00	82 210.75	8 322 210.75
加：会计政策变更										
前期差错更正										
其他										
二、本年年初余额	7 850 000.00				280 000.00			110 000.00	82 210.75	8 322 210.75
三、本年增减变动金额（减少以"-"号填列）								360 104.70	840 418.79	1 200 523.49
（一）综合收益总额									1 800 523.49	1 800 523.49
（二）所有者投入和减少资本										
1.所有者投入的普通股										
2.其他权益工具持有者投入资本										
3.股份支付计入所有者权益的金额										
4.其他										
（三）利润分配								360 104.70	-960 104.70	-600 000.00
1.提取盈余公积								360 104.70	-360 104.70	
2.对所有者（或股东）的分配									-600 000.00	-600 000.00
3.其他										
（四）所有者权益内部结转										
1.资本公积转增资本（或股本）										
2.盈余公积转增资本（或股本）										
3.盈余公积弥补亏损										
4.其他										
四、本年年末余额	7 850 000.00				280 000.00			470 104.70	922 629.54	9 522 734.24

（五）现金流量表

烟台蓝海机械有限公司2024年1—11月的现金流量表见表8-5。

表8-5　　　　　　　　　　　　　　　　　　现金流量表

编制单位：烟台蓝海机械有限公司　　　　　　　2024年1—11月　　　　　　　　　　　　单位：元

项目	行次	1—11月累计数
一、经营活动产生的现金流量：	1	
销售商品、提供劳务收到的现金	2	5 136 739.46
收到的税费返还	3	—
收到其他与经营活动有关的现金	4	319 388.38
经营活动现金流入小计	5	5 456 127.84
购买商品、接受劳务支付的现金	6	3 599 874.77
支付给职工以及为职工支付的现金	7	1 006 742.00
支付的各项税费	8	139 184.33
支付其他与经营活动有关的现金	9	379 479.76
经营活动现金流出小计	10	5 125 280.86
经营活动产生的现金流量净额	11	330 846.98
二、投资活动产生的现金流量：	12	
收回投资收到的现金	13	—
取得投资收益收到的现金	14	—
处置固定资产、无形资产和其他长期资产收回的现金净额	15	15 836.66
处置子公司及其他营业单位收到的现金净额	16	—
收到其他与投资活动有关的现金	17	—
投资活动现金流入小计	18	15 836.66
购建固定资产、无形资产和其他长期资产支付的现金	19	120 000.00
投资支付的现金	20	300 000.00
取得子公司及其他营业单位支付的现金净额	21	—
支付其他与投资活动有关的现金	22	—
投资活动现金流出小计	23	420 000.00
投资活动产生的现金流量净额	24	−404 163.34
三、筹资活动产生的现金流量：	25	
吸收投资收到的现金	26	—
取得借款收到的现金	27	—
收到其他与筹资活动有关的现金	28	—
筹资活动现金流入小计	29	—
偿还债务支付的现金	30	260 000.00
分配股利、利润或偿付利息支付的现金	31	24 750.00
支付其他与筹资活动有关的现金	32	—
筹资活动现金流出小计	33	284 750.00
筹资活动产生的现金流量净额	34	−284 750.00
四、汇率变动对现金及现金等价物的影响	35	—
五、现金及现金等价物净增加额	36	−358 066.36
加：期初现金及现金等价物余额	37	1 912 584.83
六、期末现金及现金等价物余额	38	1 554 518.47

烟台蓝海机械有限公司2024年1—11月的现金流量表附注见表8-6。

表8-6 现金流量表附注 单位：元

补充资料	1—11月累计数
1.将净利润调节为经营活动现金流量：	
净利润	1 810 000.00
加：资产减值准备	8 942.40
固定资产折旧、油气资产折耗、生产性生物资产折旧	562 708.55
无形资产摊销	37 240.00
长期待摊费用摊销	—
处置固定资产、无形资产和其他长期资产的损失（收益以"-"号填列）	—
固定资产报废损失（收益以"-"号填列）	3 455.50
公允价值变动损失（收益以"-"号填列）	−84 000.00
财务费用（收益以"-"号填列）	102 993.41
投资损失（收益以"-"号填列）	−45 302.45
递延所得税资产减少（增加以"-"号填列）（已知）	−610.00
递延所得税负债增加（减少以"-"号填列）	1 800.00
存货的减少（增加以"-"号填列）	−384 558.15
经营性应收项目的减少（增加以"-"号填列）	−480 129.30
经营性应付项目的增加（减少以"-"号填列）	−1 201 692.98
其他	—
经营活动产生的现金流量净额	330 846.98
2.不涉及现金收支的重大投资和筹资活动：	
债务转为资本	—
一年内到期的可转换公司债券	—
融资租入固定资产	—
3.现金及现金等价物净变动情况：	
现金的期末余额	1 554 518.47
减：现金的期初余额	1 912 584.83
加：现金等价物的期末余额	—
减：现金等价物的期初余额	—
现金及现金等价物净增加额	−358 066.36

第九篇　财务报表分析

（一）财务报表分析概述

1.财务报表分析的意义与作用

财务报表分析就是以财务报表和其他资料为依据，采用专门方法，系统分析和评价企业的财务状况、经营成果和现金流量状况的过程，其目的是评价企业过去的经营业绩、衡量企业现在的财务状况、预测企业未来的发展趋势，帮助利益相关者改善经营管理或者进行科学决策。在实务中，财务报表分析可以发挥以下重要作用：

（1）正确评价企业过去的经营业绩

通过对企业财务报表等资料的分析，能够较为准确地反映企业过去的业绩状况，肯定经营管理和财务运作的成绩，指出存在的问题并分析其原因。这不仅有助于正确评价企业过去的经营业绩，而且还可为企业投资者和债权人的决策提供有用的信息。

（2）分析企业当前的财务状况和经营成果，揭示财务活动存在的问题

财务报表是企业各项经营活动的综合反映，但财务报表的格式及提供的数据是根据会计的特点和管理的一般要求而设计的，它不可能全面提供不同目的的财务报表使用者所需要的数据资料。财务报表分析正是根据不同分析主体的分析目的，采用不同的分析手段和方法，从多个方面全面反映和评价企业的偿债能力、营运能力、盈利能力和发展能力。通过指标的计算、分析和比较，可以揭示企业经营管理各个方面存在的问题，找出差距，得出分析结论。

（3）预测企业未来发展趋势

财务报表分析不仅可用于评价过去和反映现状，更重要的是，它可通过对过去与现状的分析和评价，科学预测企业未来的发展状况和趋势。它既可以为企业财务预测、财务决策和财务预算指明方向，为企业进行财务危机预测提供必要的信息，又可以比较客观地评估企业的价值及价值创造。

2.财务报表分析的内容和一般步骤

财务报表分析的内容主要包括以下四个方面：

（1）偿债能力分析

偿债能力是指企业如期偿付债务的能力。通过对企业的财务报表等会计资料进行分析，可以了解企业资产的流动性、负债水平以及偿还债务的能力，从而评价企业的财务状况和财务风险，为管理者、投资者和债权人提供企业偿债能力的财务信息。

（2）营运能力分析

营运能力反映了企业对资产的利用和管理能力。企业的生产经营过程就是利用资产取得收益的过程。资产是企业生产经营活动的经济资源，资产的利用和管理能力直接影响企业的收益，体现了企业的经营能力。对营运能力进行分析，可以了解企业资产的保值和增值情况，分析企业资产的利用效率、管理水平、资金周转状况、现金流量情况等，为评价企业的经营管理水平提供依据。

（3）盈利能力分析

获取利润是企业的主要经营目标之一，它也反映了企业的综合素质。企业要生存和发展，必须争取获得较高的利润，这样才能在竞争中立于不败之地。投资者和债权人都十分关心企业的盈利能力，盈利能力强可以提高企业偿还债务的能力，提升企业的信誉。盈利能力分析主要通过将资产、负债、所有者权益与经营成果相结合来分析企业的各项报酬率指标，从而从不同角度判断企业的获利能力。

（4）发展能力分析

无论是企业的管理者，还是投资者、债权人，都十分关注企业的发展能力，这关系到他们的切身利益。通过对企业发展能力进行分析，可以判断企业的发展潜力，预测企业的经营前景，从而为企业管理者和投资者进行经营决策和投资决策提供重要的依据，避免决策失误给其带来重大的经济损失。

（二）偿债能力分析

偿债能力是指企业偿还到期债务（包括本息）的能力。企业偿债能力低不仅说明企业资金紧张，难以支付日常经营支出，而且说明企业资金周转不灵，难以偿还到期债务，甚至面临破产的危险。由于债务按到期时间分为短期债务和长期债务，所以偿债能力分析包括短期偿债能力分析和长期偿债能力分析。

1. 短期偿债能力分析

企业短期债务一般要用流动资产来偿付，短期偿债能力是指企业流动资产对流动负债及时、足额偿还的保证程度，是衡量企业当前的财务能力，特别是流动资产变现能力的重要标志。

评价企业短期偿债能力的衡量指标主要有流动比率、速动比率和现金比率等。

（1）流动比率

流动比率是企业流动资产与流动负债的比率，它表明企业每 1 元流动负债有多少流动资产作为偿还保证，反映企业可在短期内转变为现金的流动资产偿还到期流动负债的能力。其计算公式为：

$$流动比率 = \frac{流动资产}{流动负债}$$

烟台蓝海机械有限公司 2024 年年初与年末的流动资产分别为 5 755 848.47 元、6 411 796.71 元，流动负债分别为 2 908 144.56 元、1 717 365.00 元，则该公司流动比率为：

$$年初流动比率 = \frac{5\ 755\ 848.47}{2\ 908\ 144.56} = 1.98$$

$$年末流动比率 = \frac{6\ 411\ 796.71}{1\ 717\ 365.00} = 3.73$$

工业企业流动比率为 2 较为合适。该公司年初流动比率为 1.98，年末流动比率为 3.73，说明与2023 年相比，该企业 2024 年的短期偿债能力变强。

（2）速动比率

流动比率虽然可以用来评价流动资产总体的变现能力，但流动资产中包含像存货这类变现能力较差的资产，如能将其剔除，其所反映的短期偿债能力将更加令人信服。这个指标就是速动比率。

速动比率是企业速动资产与流动负债的比率。它假设速动资产是可以用于偿债的资产，表明每 1元流动负债由多少速动资产作为偿还保障。所谓速动资产，是指流动资产减去变现能力较差且不稳定的存货等后的余额。由于剔除了存货等变现能力较差的资产，速动比率比流动比率能更准确、更可靠地评价企业资产的流动性及偿还短期债务的能力。其计算公式为：

$$速动比率 = \frac{速动资产}{流动负债}$$

一般情况下，速动比率越高，表明企业偿还流动负债的能力越强。一般认为，速动比率为 1 较合适。速动比率过低，企业将面临较高的偿债风险；但速动比率过高，会因占用现金及应收账款过多而增加企业的机会成本。

烟台蓝海机械有限公司 2024 年年初的速动资产为 4 001 814.86 元（流动资产-存货），年末的速动资产为 4 813 153.23 元。该公司的速动比率为：

$$年初速动比率 = \frac{4\ 001\ 814.86}{2\ 908\ 144.56} = 1.38$$

$$年末速动比率 = \frac{4\ 813\ 153.23}{1\ 717\ 365.00} = 2.80$$

该公司 2024 年年初、年末的速动比率都比一般公认标准高，尤其是年末速动比率达到 2.80，因此，其短期偿债能力较强。但进一步分析可以发现，速动资产中包含应收账款，而应收账款不一定能按时收回，所以，我们还必须计算分析第三个重要比率——现金比率。

（3）现金比率

现金比率是企业现金资产与流动负债的比率，它表明每1元流动负债由多少现金资产作为偿还保障。现金比率的计算公式为：

$$现金比率 = \frac{货币资金 + 交易性金融资产}{流动负债}$$

速动资产中，流动性最强、可直接用于偿债的资产，称为现金资产，包括货币资金、交易性金融资产等。与其他速动资产不同，现金资产可以直接用于偿还债务，而其他速动资产需要等待不确定的时间，才能转换为不确定数额的现金。一般情况下，现金资产就是速动资产扣除应收账款后的余额。速动资产扣除应收账款后计算出来的金额，最能反映企业直接偿付流动负债的能力。一般认为，现金比率大于20%较好。

该公司的现金比率为：

$$年初现金比率 = \frac{1\ 912\ 584.83 + 630\ 000.00}{2\ 908\ 144.56} = 0.87$$

$$年末现金比率 = \frac{2\ 524\ 641.34 + 1\ 017\ 000.00}{1\ 717\ 365.00} = 2.06$$

烟台蓝海机械有限公司的现金比率过高，这意味着公司的流动负债未能得到合理运用，而现金类资产的获利能力较低，这类资产的金额太高会导致公司机会成本增加。

2.长期偿债能力分析

长期偿债能力是指企业偿还非流动负债的能力，企业的非流动负债主要有长期借款、应付长期债券、长期应付款等。企业的长期债权人和所有者不仅关心企业短期偿债能力，更关心企业长期偿债能力。

评价企业长期偿债能力的指标主要有：资产负债率、股东权益比率、权益乘数、产权比率和利息保障倍数，以下说明前四项。

（1）资产负债率

资产负债率是企业负债总额与资产总额的比率，也称为负债比率，它反映企业的资产总额中有多少是通过举债而得到的。其计算公式为：

$$资产负债率 = \frac{负债总额}{资产总额} \times 100\%$$

资产负债率反映企业偿还债务的综合能力。这个比率越高，企业偿还债务的能力越差；反之，偿还债务的能力越强。保守的观点认为，资产负债率不应高于50%，而国际上通常认为资产负债率等于60%较为适当。

事实上，对这一比率的分析，还要看站在谁的立场上。从债权人的立场来看，债务比率越低越好，企业偿债有保证，贷款不会有太大风险；从股东的立场来看，在全部资本利润率高于借款利率时，负债比率越大越好，因为股东所得到的利润就会增加。从财务管理的角度来看，在进行借入资本决策时，企业应当审时度势，全面考虑，充分估计预期的利润和增加的风险，权衡利害得失，作出正确的分析和决策。

该公司的资产负债率为：

$$年初资产负债率 = \frac{3\ 995\ 794.56}{13\ 518\ 528.80} \times 100\% = 29.56\%$$

$$年末资产负债率 = \frac{2\ 544\ 205.00}{14\ 019\ 670.79} \times 100\% = 18.15\%$$

该公司年初、年末资产负债率分别为29.56%、18.15%，显著低于50%，说明该公司有强劲的偿债能力和负债经营能力。

（2）股东权益比率

股东权益比率是股东权益总额与资产总额的比率，该比率反映企业资产中有多少是所有者投入的。其计算公式为：

$$股东权益比率 = \frac{股东权益总额}{资产总额} \times 100\%$$

股东权益比率与资产负债率之和等于1。这两个比率从不同的角度来反映企业的长期财务状况。股东权益比率越大，资产负债率就越小，企业财务风险就越小，偿还长期债务的能力就越强。

该公司的股东权益比率计算如下：

$$2023年股东权益比率 = \frac{9\,522\,734.24}{13\,518\,528.80} \times 100\% = 70.44\%$$

$$2024年股东权益比率 = \frac{11\,475\,465.79}{14\,019\,670.79} \times 100\% = 81.85\%$$

计算结果表明，该企业2024年的股东权益比率比2023年高，说明企业长期偿债能力呈上升趋势。

（3）权益乘数

股东权益比率的倒数，称为权益乘数，即资产总额是股东权益的多少倍。其计算公式为：

$$权益乘数 = \frac{资产总额}{股东权益总额}$$

股东权益乘数越大，表明股东投入的资本在资产中所占比重越小，企业负债程度越高；反之，该比率越小，表明所有者投入企业的资本占全部资产的比重越大，企业的负债程度越低，债权人权益受保护程度也越高。

该公司的权益乘数计算如下：

$$2023年权益乘数 = \frac{13\,518\,528.80}{9\,522\,734.24} = 1.42$$

$$2024年权益乘数 = \frac{14\,019\,670.79}{11\,475\,465.79} = 1.22$$

计算结果表明，该企业2023年和2024年权益乘数都比较低，说明企业的负债程度较低，长期偿债能力较强，同股东权益比率的计算结果相印证。

（4）产权比率

产权比率又称资本负债率，是负债总额与股东权益总额的比率。它是企业财务结构稳健与否的重要标志。它反映了企业股东权益对债权人权益的保障程度。其计算公式为：

$$产权比率 = \frac{负债总额}{股东权益总额} \times 100\%$$

一般来说，产权比率越低，表明企业长期偿债能力越强，债权人的权益保障程度越高，债权人越有安全感；反之，产权比率越高，表示企业长期偿债能力越弱，债权人安全感越小。一般认为，这一比率为1∶1（100%）以下时，企业是有偿债能力的，但还应该结合企业的具体情况加以分析。当企业的资产收益率大于负债成本率时，负债经营有利于提高资金收益率，获得额外的利润，这时的产权比率可适当高些。产权比率高，是高风险、高报酬的财务结构；产权比率低，是低风险、低报酬的财务结构。

该公司的产权比率为：

$$年初产权比率 = \frac{3\,995\,794.56}{9\,522\,734.24} \times 100\% = 41.96\%$$

$$年末产权比率 = \frac{2\,544\,205.00}{11\,475\,465.79} \times 100\% = 22.17\%$$

由计算结果可知，该公司年初与年末的产权比率均低于100%，表明年末该公司的偿债能力较好；年末产权比率低于年初产权比率，表明该公司的偿债能力继续增强。

（三）营运能力分析

营运能力是指企业对资产利用的能力，即对资产运用效率的分析，通常用各种资产的周转速度表示。一般而言，资产周转速度越快，说明企业的资产管理水平越高，资产利用效率越高。资产运用效率标志着资产的运行状态及其管理效果的好坏，这将对企业的偿债能力和获利能力产生重要影响。因此，股东、债权人和经营者都十分注重对企业营运能力的分析。

评价企业营运能力分析主要包括：流动资产周转情况、固定资产周转率和总资产周转率三个方面。

1. 流动资产周转情况

反映流动资产周转情况的指标主要有应收账款周转率、存货周转率和流动资产周转率。

（1）应收账款周转率

应收账款在流动资产中具有举足轻重的地位，及时收回应收账款，不仅增强了企业的短期偿债能力，也反映了企业管理应收账款的效率。

应收账款周转率（周转次数）是指一定时期内应收账款平均收回的次数，是一定时期内商品或产品销售收入净额与应收账款平均余额的比值。其计算公式为：

$$应收账款周转率(周转次数) = \frac{营业收入}{平均应收账款余额}$$

$$应收账款周转期(周转天数) = \frac{平均应收账款余额 \times 360}{营业收入} = \frac{360}{应收账款周转率}$$

$$平均应收账款余额 = \frac{应收账款余额年初数 + 应收账款余额年末数}{2}$$

公式中的应收账款包括财务报表中"应收账款"和"应收票据"等全部赊销账款在内，且其金额应为扣除坏账准备后的金额。

应收账款周转率反映了企业应收账款周转速度的快慢及企业对应收账款管理效率的高低。在一定时期内，周转次数多、周转天数少表明：

①企业收账迅速，信用销售管理严格。

②应收账款流动性强，从而增强了企业的短期偿债能力。

③可以减少收账费用和坏账损失，相对增加企业流动资产的投资收益。

④比较应收账款周转天数，可评价客户的信用程度，调整企业的信用政策。

烟台蓝海机械有限公司2024年的营业收入为12 211 409.60元，2024年年初的应收账款为1 344 251.35元，2024年年末的应收账款为400 109.09元。

2024年该公司应收账款周转率指标计算如下：

$$2024年应收账款周转率(周转次数) = \frac{12\ 211\ 409.60}{(1\ 344\ 251.35 + 400\ 109.09) \div 2} = 14.00(次)$$

$$2024年应收账款周转期(周转天数) = \frac{360}{14.00} = 25.71(天)$$

在评价应收账款周转率指标时，应将计算出的指标与该企业前期、行业平均水平（或其他类似企业）进行比较来判断该指标的高低。

（2）存货周转率

在流动资产中，存货所占的比重较大，存货的流动性将直接影响企业的流动比率。因此，必须特别重视对存货流动性的分析。存货流动性的分析一般通过计算存货周转率来进行。

存货周转率（周转次数）是指一定时期内企业销售成本与存货平均资金占用额的比率，是衡量和评价企业购入存货、投入生产、销售收回等各环节管理效率的综合性指标。其计算公式为：

$$存货周转率(周转次数) = \frac{营业成本}{平均存货余额}$$

$$存货周转期(周转天数) = \frac{平均存货余额 \times 360}{营业成本} = \frac{360}{存货周转率}$$

$$平均存货余额 = \frac{存货余额年初数 + 存货余额年末数}{2}$$

该公司 2024 年度的销售成本为 9 132 561.77 元，期初存货 1 754 033.61 元，期末存货 1 598 643.48 元，该公司存货周转率指标为：

$$2024年存货周转率(周转次数) = \frac{9 132 561.77}{(1 754 033.61 + 1 598 643.48) \div 2} = 5.45(次)$$

$$2024年存货周转期(周转天数) = \frac{360}{5.45} = 66.06(天)$$

该公司存货周转次数低，周转期长。应找到存货管理中存在的问题，尽可能降低存货的资金占用水平。采取的措施是提高存货周转速度，增强获利能力。

（3）流动资产周转率

流动资产周转率是反映企业流动资产周转速度的指标。流动资产周转率（周转次数）是一定时期营业收入净额与企业流动资产平均占用额之间的比率。其计算公式为：

$$流动资产周转率(周转次数) = \frac{营业收入}{平均流动资产总额}$$

$$流动资产周转期(周转天数) = \frac{平均流动资产总额 \times 360}{营业收入} = \frac{360}{流动资产周转率}$$

$$平均流动资产总额 = \frac{流动资产总额年初数 + 流动资产总额年末数}{2}$$

在一定时期内，流动资产周转次数越多，表明以相同的流动资产完成的周转额越多，流动资产的利用效果越好。流动资产周转天数越少，表明流动资产在经历生产、销售各阶段所占用的时间越短，可相对节约流动资产，增强企业的盈利能力。

该公司 2024 年的营业收入净额为 12 211 409.60 元，2024 年流动资产的期初数为 5 755 848.47 元，期末数为 6 411 796.71 元，则该公司 2024 年的流动资产周转指标计算如下：

$$2024年流动资产周转率(周转次数) = \frac{12 211 409.60}{(5 755 848.47 + 6 411 796.71) \div 2} = 2.00(次)$$

$$2024年流动资产周转期(周转天数) = \frac{360}{2.00} = 180(天)$$

该公司的流动资产周转率较低，表明公司对流动资产的利用率低，流动资产占用时间长，相对降低了企业的盈利能力。

2.固定资产周转率

固定资产周转率是指企业年营业收入净额与固定资产平均净额的比率。它是反映企业固定资产的周转情况，从而衡量固定资产利用效率的一项指标。其计算公式为：

$$固定资产周转率(周转次数) = \frac{营业收入}{平均固定资产净值}$$

$$固定资产周转期(周转天数) = \frac{平均固定资产净值 \times 360}{营业收入} = \frac{360}{固定资产周转率}$$

$$平均固定资产净值 = \frac{固定资产净值年初数 + 固定资产净值年末数}{2}$$

固定资产周转率高，说明企业的固定资产投资得当，结构合理，利用效率高；反之，则表明固定资产利用效率不高，提供的生产成果不多，企业的营运能力不强。

该公司 2024 年的营业收入为 12 211 409.60 元，2024 年固定资产的期初数为 6 696 490.33 元，期末数为 6 365 242.90 元，则该公司 2024 年的固定资产周转率计算如下：

$$2024年固定资产周转率(周转次数) = \frac{12 211 409.60}{(6 696 490.33 + 6 365 242.90) \div 2} = 1.87(次)$$

$$2024年固定资产周转期(周转天数) = \frac{360}{1.87} = 192.51(天)$$

计算结果表明，2024 年的固定资产周转率为 1.87 次，说明该公司的固定资产周转速度慢，其主要原因在于固定资产中的建筑物占比较高，而建筑物没有在 2024 年给公司带来明显收益，导致该指标偏低。

3.总资产周转率

总资产周转率是企业营业收入净额与企业资产平均总额的比率。其计算公式为：

$$总资产周转率(周转次数) = \frac{营业收入}{平均资产总额}$$

$$总资产周转期(周转天数) = \frac{平均资产总额 \times 360}{营业收入} = \frac{360}{总资产周转率}$$

$$平均资产总额 = \frac{资产总额年初数 + 资产总额年末数}{2}$$

计算总资产周转率时，分子、分母应在时间上保持一致。

总资产周转率越高，表明企业全部资产的使用效率越高；反之，如果该比率较低，说明企业全部资产的营运效率较低，最终会影响企业的盈利能力。企业应采取各种措施，如可采用薄利多销或处理多余资产等方法，提高企业的资产利用程度，加速资产周转，提高运营效率。

该公司 2024 年的营业收入为 12 211 409.60 元，2024 年总资产的期初数为 13 518 528.80 元，期末数为 14 019 670.79 元，则该公司 2024 年的总资产周转率计算如下：

$$总资产周转率(周转次数) = \frac{12\,211\,409.60}{(13\,518\,528.80 + 14\,019\,670.79) \div 2} = 0.89(次)$$

$$总资产周转期(周转天数) = \frac{360}{0.89} = 404.49(天)$$

计算结果表明，该公司 2024 年的总资产周转率较低，这与前面计算分析固定资产周转速度减慢的结论一致。该公司可考虑适当处理闲置资产，以提高资产使用效率。

（四）盈利能力分析

盈利能力是指企业一定时期内运用各种资源赚取利润的能力。获取利润是企业经营的最终目标，也是企业能否生存和发展的前提。获利能力的大小直接关系到企业财务管理目标的实现与否，直接关系到投资者的利益，也关系到债权人以及企业经营者的切身利益。

评价企业盈利能力的指标主要有营业利润率、成本费用利润率、总资产报酬率、股东权益报酬率、每股收益、每股股利、每股净资产、市盈率和市净率等。

1.营业利润率

营业利润率是企业一定时期营业利润与营业收入的比率。其计算公式为：

$$营业利润率 = \frac{营业利润}{营业收入} \times 100\%$$

营业利润率越高，表明企业的市场竞争力越强，发展潜力越大，从而获利能力越强。

需要说明的是，从利润表来看，利润可以分为三个层次，即营业利润、利润总额和净利润。因此，在实务中，也经常使用营业净利率、营业毛利率等指标来分析企业的获利能力。

该公司 2023 年度和 2024 年度的营业利润率、营业净利率、营业毛利率计算如下。

2023 年度的营业利润率、营业净利率、营业毛利率分别为：

$$营业利润率 = \frac{1\,981\,034.24}{10\,072\,930.32} \times 100\% = 19.67\%$$

$$营业净利率 = \frac{1\,800\,523.49}{10\,072\,930.32} \times 100\% = 17.87\%$$

$$营业毛利率 = \frac{10\,072\,930.32 - 7\,212\,621.83}{10\,072\,930.32} \times 100\% = 28.40\%$$

2024 年度的营业利润率、营业净利率、营业毛利率分别为：

$$营业利润率 = \frac{2\,165\,869.62}{12\,211\,409.60} \times 100\% = 17.74\%$$

$$营业净利率 = \frac{2\,032\,731.55}{12\,211\,409.60} \times 100\% = 16.65\%$$

$$营业毛利率 = \frac{12\,211\,409.60 - 9\,132\,561.77}{12\,211\,409.60} \times 100\% = 25.21\%$$

从计算结果可以看出，2024年各项利润率指标均比上年有所下降，说明企业的盈利能力有所下降。企业应查明原因，采取相应措施，提高盈利水平。

应当指出的是，营业净利率指标被广泛应用。它表明每1元营业收入与其成本费用之间可以"挤"出来的净利润。该比率越大，说明企业的盈利能力越强。

2.成本费用利润率

成本费用利润率是指企业一定时期利润总额与成本费用总额的比率，反映了企业所得与所耗的关系。其计算公式如下：

$$成本费用利润率 = \frac{利润总额}{成本费用总额} \times 100\%$$

式中：

成本费用总额=营业成本+税金及附加+销售费用+管理费用+财务费用

成本费用利润率越高，表明企业为取得利润而付出的代价越小，成本费用控制得越好，获利能力越强。

计算该公司2023年度、2024年度的成本费用利润率如下：

$$2023年度成本费用利润率 = \frac{1\,962\,614.02}{7\,212\,621.83 + 190\,333.07 + 290\,508.00 + 370\,648.60 + 140\,245.54} \times 100\% = 23.92\%$$

$$2024年度成本费用利润率 = \frac{2\,137\,813.64}{9\,132\,561.77 + 229\,788.90 + 305\,214.70 + 440\,732.78 + 114\,496.06} \times 100\% = 20.91\%$$

计算结果表明，该公司2024年的成本费用利润率指标比2023年略有下降，这进一步验证了前面营业利润率指标分析所得出的结论，说明其相对盈利能力略有下降。公司应进一步分析营业利润率下降、成本费用利润率上升的影响因素，采取有效措施，降低成本，提高盈利能力。

3.总资产报酬率

总资产报酬率是企业息税前利润与平均资产总额的比率。由于资产总额等于债权人权益和所有者权益的总额，所以，该比率既可以衡量企业资产综合利用的效果，又可以反映企业利用债权人及所有者提供的资本的盈利能力和增值能力。其计算公式为：

$$总资产报酬率 = \frac{息税前利润}{平均资产总额} = \frac{净利润 + 所得税 + 利息费用}{(期初资产 + 期末资产) \div 2} \times 100\%$$

该指标越高，表明资产的利用效率越高，说明企业在增加收入、节约资金使用等方面取得了良好的效果；该指标越低，说明企业的资产利用效率低，应分析产生差异的原因，提高销售利润率，加速资金周转，提高企业的经营管理水平。

该公司2024年的总资产报酬率计算如下：

$$总资产报酬率 = \frac{2\,032\,731.55 + 105\,082.09 + 229\,864.82}{(13\,518\,528.80 + 14\,019\,670.79) \div 2} \times 100\% = 17.20\%$$

总资产报酬率需要对公司近几年的指标纵向比较，判断资产盈利能力，结合成本效益指标一起分析，以改进管理，提高资产利用效率和企业的经营管理水平，增强盈利能力。

4.股东权益报酬率

股东权益报酬率又称净资产收益率，是一定时期企业的净利润与平均股东权益总额的比率。它反映投入资本的收益水平，是企业获利能力的核心。其计算公式为：

$$股东权益报酬率 = \frac{净利润}{平均股东权益总额} \times 100\%$$

计算该公司2024年的股东权益报酬率：

$$股东权益报酬率 = \frac{2\ 032\ 731.55}{(9\ 522\ 734.24 + 11\ 475\ 465.79) \div 2} \times 100\% = 19.36\%$$

5.每股收益

每股收益也称每股利润或每股盈余，是公司普通股每股所获得的净利润。它是反映公司普通股股东持有每一股股份所能享有的公司利润或承担公司亏损的业绩评价指标。其计算公式为：

$$每股收益 = \frac{归属于普通股股东的当期净利润}{发行在外普通股的加权平均数}$$

每股收益越高，说明每股的获利能力越强，投资者的回报越多；每股收益越低，说明每股的获利能力越弱。该指标是衡量上市公司盈利能力时最常用的财务指标。

烟台蓝海机械有限公司2023年全年平均股数为1 962 500股，2024年年初股数为1 962 500股，年末股数为2 012 500股。

该公司2023年和2024年的每股收益分别为：

$$2023年每股收益 = \frac{1\ 800\ 523.49}{1\ 962\ 500} = 0.92(元)$$

$$2024年每股收益 = \frac{2\ 032\ 731.55}{(1\ 962\ 500 + 2\ 012\ 500) \div 2} = 1.02(元)$$

计算结果表明，该公司2024年普通股每股收益比2023年提高了，说明该公司的获利能力在增强。

6.每股股利

每股股利是上市公司本年发放的普通股股利总额与年末普通股股份总数的比值，它反映了普通股每股分得的现金股利。其计算公式为：

$$每股股利 = \frac{普通股股利总额}{年末普通股股数}$$

每股股利越大，则企业股本的获利能力就越强；每股股利越小，则企业股本的获利能力就越弱。如果企业为了增强发展后劲而增加企业的公积金，则当前的每股股利必然会减少；反之，则当前的每股股利会增加。

2024年该公司宣布发放股利300 000元，计算2024年的每股股利：

$$2024年每股股利 = \frac{300\ 000}{2\ 012\ 500} = 0.15(元)$$

7.每股净资产

每股净资产，又称每股账面价值，是指企业净资产与发行在外的普通股股数之间的比率。用公式表示为：

$$每股净资产 = \frac{股东权益总额}{年末发行在外的普通股股数}$$

每股净资产显示了发行在外的每一普通股股份所能分配的企业账面净资产的价值。这里所说的账面净资产是指企业账面上的总资产减去负债后的余额，即股东权益总额。每股净资产指标反映了在会计期末每一股份在企业账面上到底值多少钱。它与股票面值、发行价值、市场价值，乃至清算价值等往往有较大差距。

计算该公司2023年和2024年的每股净资产为：

$$2023年每股净资产 = \frac{9\ 522\ 734.24}{1\ 962\ 500} = 4.85(元)$$

$$2024年每股净资产 = \frac{11\ 475\ 465.79}{2\ 012\ 500} = 5.70(元)$$

利用该指标进行横向和纵向对比，可以衡量公司股票的投资价值。如在企业性质相同、股票市价相近的条件下，某一企业股票的每股净资产越高，则企业发展潜力与其股票的投资价值越大，投资者所承担的投资风险越小。

（五）发展能力分析

发展能力是指企业未来生产经营活动的发展趋势和发展潜能。企业发展能力主要是通过自身的生产经营活动——不断地增长销售收入、不断地增加资金投入和不断地创造利润形成的。

评价发展能力的指标主要有营业增长率、利润增长率、总资产增长率、资本积累率等。

1.营业增长率

营业增长率是企业本年营业收入增长额与上年营业收入总额的比率。它反映企业营业收入的增减变动情况，是评价企业成长状况和发展能力的重要指标。其计算公式为：

$$营业增长率 = \frac{本年营业收入增长额}{上年营业收入总额} \times 100\%$$

式中：

本年营业收入增长额=本年营业收入总额-上年营业收入总额

实务中，也可以使用销售增长率来分析企业经营业务收入的增减情况。其计算公式为：

$$销售增长率 = \frac{本年销售收入增长额}{上年销售收入总额} \times 100\%$$

计算该公司2024年度的营业增长率为：

$$营业增长率 = \frac{12\,211\,409.60 - 10\,072\,930.32}{10\,072\,930.32} \times 100\% = 21.23\%$$

营业增长率是衡量企业经营成果和市场占有能力、预测企业经营业务拓展趋势的重要标志。利用该指标分析企业发展能力时应注意：

（1）该指标反映的是相对的营业收入增长情况，与绝对量的营业收入增长额相比，消除了企业规模的影响，更能反映企业的发展情况。

（2）该指标大于0，表示企业本年的营业收入有所增长。指标值越高，表明增长速度越快。

（3）在实际分析时，应结合企业历年的销售水平、企业市场占有情况、行业未来发展及其他影响企业发展的潜在因素进行潜在性预测；或结合企业前三年的营业收入增长率作出趋势性分析判断。

（4）分析中，可以将其他类似企业、企业历史水平及行业平均水平作为比较标准。

（5）指标值受增长基数影响，因此，分析中还要使用增长额和三年营业收入平均增长率等指标进行综合判断。

2.利润增长率

利润增长率是指企业本年利润总额增长额与上年利润总额的比率。它反映企业本期利润的增长情况。其计算公式为：

$$利润增长率 = \frac{本年利润总额增长额}{上年利润总额} \times 100\%$$

式中：

本年利润总额增长额=本年利润总额-上年利润总额

利润增长率反映了企业盈利能力的变化。该比率越高，说明企业的成长性越好，发展能力越强。

该公司2024年度的利润增长率为：

$$利润增长率 = \frac{2\,137\,813.64 - 1\,962\,614.02}{1\,962\,614.02} \times 100\% = 8.93\%$$

3.总资产增长率

总资产增长率是指企业本年总资产增长额与年初资产总额的比率。它反映企业本期资产规模的增长情况。其计算公式为：

$$总资产增长率 = \frac{本年总资产增长额}{年初资产总额} \times 100\%$$

式中：

本年总资产增长额=年末资产总额-年初资产总额

总资产增长率从企业资产规模扩张方面来衡量企业的发展能力，表明企业规模的增长水平对企业发展后劲的影响。该指标越高，表明企业一定时期内资产经营规模扩张的速度越快。但在实际分析时，应注意考虑资产规模扩张的质和量的关系，以及企业的后续发展能力，避免资产盲目扩张。

该公司2024年度的总资产增长率为：

$$总资产增长率 = \frac{14\,019\,670.79 - 13\,518\,528.80}{13\,518\,528.80} \times 100\% = 3.71\%$$

4.资本积累率

资本积累率是企业本年所有者权益增长额与年初所有者权益的比率。它反映企业当年资本的积累能力，是评价企业发展潜力的一项重要指标。其计算公式为：

$$资本积累率 = \frac{本年所有者权益增长额}{年初所有者权益} \times 100\%$$

式中：

本年所有者权益增长额=年末所有者权益-年初所有者权益

该公司2024年度的资本积累率为：

$$资本积累率 = \frac{11\,475\,465.79 - 9\,522\,734.24}{9\,522\,734.24} \times 100\% = 20.51\%$$

资本积累率是企业当年所有者权益总额的增长率，反映了企业所有者权益在当年的变动水平。该公司2024年的资本积累率为20.51%，表明企业资本持续积累。这是企业发展强盛的标志，也是企业扩大再生产的源泉，展示了企业有较强的发展潜力，同时，资本积累率反映了投资者投入企业资本的保全性和增长性。

上述四项财务比率分别从不同的角度反映了企业的发展能力。需要说明的是，在分析企业的发展能力时，仅用一年的财务比率是不能正确评价企业发展能力的，而应当计算连续若干年的财务比率，这样才能正确地评价企业发展能力的持续性。

第十篇　实验材料

烟台蓝海机械有限公司

总分类账

会计档案	自　年　月　日至　年　月　日止			
	册内共　页(张)		保管期限	
	金宗号	目录号	案卷号	

20_____年度

总 分 类 账 目 录

编　号	科　　目	起讫页码	编　号	科　　目	起讫页码

总 分 类 账 目 录

编 号	科 目	起讫页码	编 号	科 目	起讫页码

总分类账

年		凭证		摘要	对方科目	借方金额									√	贷方金额									√	借或贷	余额									√	总额
月	日	种类	号数		日页	十	亿	千	百	十	万	千	百	十	元	角	分	十	亿	千	百	十	万	千	百	十	元	角	分	十	亿	千	百	十	万	千	百	十	元	角	分

总分类账

年		凭证		摘要	对方科目	借方金额									√	贷方金额									√	借或贷	余额									√	总额
月	日	种类	号数		日页	十	亿	千	百	十	万	千	百	十	元	角	分	十	亿	千	百	十	万	千	百	十	元	角	分	十	亿	千	百	十	万	千	百	十	元	角	分

总分类账

总第____页

年		凭证		摘要	对方科目	借方金额											贷方金额											借或贷	余额										
月	日	种类	号数		日页	十	亿	千	百	十	万	千	百	十	元	角	分√	十	亿	千	百	十	万	千	百	十	元	角	分√		十	亿	千	百	十	万	千	百	十	元	角	分√

总分类账

总第____页

年		凭证		摘要	对方科目	借方金额											贷方金额											借或贷	余额										
月	日	种类	号数		日页	十	亿	千	百	十	万	千	百	十	元	角	分√	十	亿	千	百	十	万	千	百	十	元	角	分√		十	亿	千	百	十	万	千	百	十	元	角	分√

总分类账

总第＿＿＿页　　　页

年		凭证		摘要	对方科目	借方金额													贷方金额													借或贷	余额												
月	日	种类	号数			十	亿	千	百	十	万	千	百	十	元	角	分	√	十	亿	千	百	十	万	千	百	十	元	角	分	√		十	亿	千	百	十	万	千	百	十	元	角	分	√

总分类账

总第＿＿＿页　　　页

年		凭证		摘要	对方科目	借方金额													贷方金额													借或贷	余额												
月	日	种类	号数			十	亿	千	百	十	万	千	百	十	元	角	分	√	十	亿	千	百	十	万	千	百	十	元	角	分	√		十	亿	千	百	十	万	千	百	十	元	角	分	√

163

总分类账

总第＿＿＿页

年		凭证		摘要	对方科目	借方金额											√	贷方金额											√	借或贷	余额											√
月	日	种类	号数			十	亿	千	百	十	万	千	百	十	元	角	分	十	亿	千	百	十	万	千	百	十	元	角	分		十	亿	千	百	十	万	千	百	十	元	角	分

总分类账

总第＿＿＿页

年		凭证		摘要	对方科目	借方金额											√	贷方金额											√	借或贷	余额											√
月	日	种类	号数			十	亿	千	百	十	万	千	百	十	元	角	分	十	亿	千	百	十	万	千	百	十	元	角	分		十	亿	千	百	十	万	千	百	十	元	角	分

总分类账

年		凭证		摘要	对方科目	借方金额											√	贷方金额											借或贷	余额											√
月	日	种类	号数			十	亿	千	百	十	万	千	百	十	元	角	分	十	亿	千	百	十	万	千	百	十	元	角	分		十	亿	千	百	十	万	千	百	十	元	角	分

总第　　　页

总分类账

年		凭证		摘要	对方科目	借方金额											√	贷方金额											借或贷	余额											√
月	日	种类	号数			十	亿	千	百	十	万	千	百	十	元	角	分	十	亿	千	百	十	万	千	百	十	元	角	分		十	亿	千	百	十	万	千	百	十	元	角	分

总第　　　页

总分类账

总第____页

年		凭证		摘要	对方科目	借方金额 十亿千百十万千百十元角分	借或贷	贷方金额 十亿千百十万千百十元角分	余额 十亿千百十万千百十元角分
月	日	种类	号数						

总分类账

总第____页

年		凭证		摘要	对方科目	借方金额 十亿千百十万千百十元角分	借或贷	贷方金额 十亿千百十万千百十元角分	余额 十亿千百十万千百十元角分
月	日	种类	号数						

总分类账

年		凭证		摘要	对方科目	日页	借方金额											√	贷方金额											√	借或贷	余额											√
月	日	种类	号数				十	亿	千	百	十	万	千	百	十	元	角	分		十	亿	千	百	十	万	千	百	十	元	角	分			十	亿	千	百	十	万	千	百	十	元	角	分	

总分类账

年		凭证		摘要	对方科目	日页	借方金额											√	贷方金额											√	借或贷	余额											√
月	日	种类	号数				十	亿	千	百	十	万	千	百	十	元	角	分		十	亿	千	百	十	万	千	百	十	元	角	分			十	亿	千	百	十	万	千	百	十	元	角	分	

总分类账

总第 ___ 页

年		凭证		摘要	对方科目	借方金额											√	贷方金额											借或贷	余额											√
月	日	种类	号数			十	亿	千	百	十	万	千	百	十	元	角	分		十	亿	千	百	十	万	千	百	十	元	角	分		十	亿	千	百	十	万	千	百	十	元	角	分	

总分类账

总第 ___ 页

年		凭证		摘要	对方科目	借方金额											√	贷方金额											借或贷	余额											√
月	日	种类	号数			十	亿	千	百	十	万	千	百	十	元	角	分		十	亿	千	百	十	万	千	百	十	元	角	分		十	亿	千	百	十	万	千	百	十	元	角	分	

总分类账

总第______页

年		凭证		摘要	对方科目	日页	借方金额												√	贷方金额												√	借或贷	余额												√
月	日	种类	号数				十	亿	千	百	十	万	千	百	十	元	角	分		十	亿	千	百	十	万	千	百	十	元	角	分			十	亿	千	百	十	万	千	百	十	元	角	分	

总分类账

总第______页

年		凭证		摘要	对方科目	日页	借方金额												√	贷方金额												√	借或贷	余额												√
月	日	种类	号数				十	亿	千	百	十	万	千	百	十	元	角	分		十	亿	千	百	十	万	千	百	十	元	角	分			十	亿	千	百	十	万	千	百	十	元	角	分	

总分类账

总第＿＿页

年		凭证		摘要	对方科目	借方金额										√	贷方金额										√	借或贷	余额										√
月	日	种类	号数			十	亿	千	百	十	万	千	百	十	元	角	分	十	亿	千	百	十	万	千	百	十	元	角	分		十	亿	千	百	十	万	千	百	十	元	角	分

总分类账

总第＿＿页

年		凭证		摘要	对方科目	借方金额										√	贷方金额										√	借或贷	余额										√
月	日	种类	号数			十	亿	千	百	十	万	千	百	十	元	角	分	十	亿	千	百	十	万	千	百	十	元	角	分		十	亿	千	百	十	万	千	百	十	元	角	分

总分类账

页

年		凭证		摘要	对方科目	日页	借方金额 十亿千百十万千百十元角分	√	贷方金额 十亿千百十万千百十元角分	√	借或贷	余额 十亿千百十万千百十元角分	√
月	日	种类	号数										

总分类账

总第____页
页

年		凭证		摘要	对方科目	日页	借方金额 十亿千百十万千百十元角分	√	贷方金额 十亿千百十万千百十元角分	√	借或贷	余额 十亿千百十万千百十元角分	√
月	日	种类	号数										

总分类账

年		凭证		摘要	对方科目	借方金额												√	贷方金额												√	借或贷	余额												√
月	日	种类	号数			十	亿	千	百	十	万	千	百	十	元	角	分		十	亿	千	百	十	万	千	百	十	元	角	分			十	亿	千	百	十	万	千	百	十	元	角	分

总分类账

总第　　　　页

年		凭证		摘要	对方科目	借方金额												√	贷方金额												√	借或贷	余额												√
月	日	种类	号数			十	亿	千	百	十	万	千	百	十	元	角	分		十	亿	千	百	十	万	千	百	十	元	角	分			十	亿	千	百	十	万	千	百	十	元	角	分

总分类账

总第 ＿＿＿ 页

年		凭证		摘要	对方科目	借方金额											贷方金额											借或贷	余额											√
月	日	种类	号数			十	亿	千	百	十	万	千	百	十	元	角	分	十	亿	千	百	十	万	千	百	十	元	角	分	√	十	亿	千	百	十	万	千	百	十	元	角	分	√

总分类账

总第 ＿＿＿ 页

年		凭证		摘要	对方科目	借方金额											贷方金额											借或贷	余额											√
月	日	种类	号数			十	亿	千	百	十	万	千	百	十	元	角	分	十	亿	千	百	十	万	千	百	十	元	角	分	√	十	亿	千	百	十	万	千	百	十	元	角	分	√

总分类账

总第 ___ 页

年		凭证		摘要	对方科目	借方金额										√	贷方金额										√	借或贷	余额										√
月	日	种类	号数			十	亿	千	百	十	万	千	百	十	元	角	分	十	亿	千	百	十	万	千	百	十	元	角	分		十	亿	千	百	十	万	千	百	十	元	角	分

总分类账

总第 ___ 页

年		凭证		摘要	对方科目	借方金额										√	贷方金额										√	借或贷	余额										√
月	日	种类	号数			十	亿	千	百	十	万	千	百	十	元	角	分	十	亿	千	百	十	万	千	百	十	元	角	分		十	亿	千	百	十	万	千	百	十	元	角	分

174

总分类账

年		凭证		摘要	对方科目	借方金额 十亿千百十万千百十元角分	√	贷方金额 十亿千百十万千百十元角分	借或贷	余额 十亿千百十万千百十元角分	√
月	日	种类	号数								

总分类账

年		凭证		摘要	对方科目	借方金额 十亿千百十万千百十元角分	√	贷方金额 十亿千百十万千百十元角分	借或贷	余额 十亿千百十万千百十元角分	√
月	日	种类	号数								

总分类账

年 月	日	凭证 种类	凭证 号数	摘要	对方科目	借方金额 十 亿 千 百 十 万 千 百 十 元 角 分	√	贷方金额 十 亿 千 百 十 万 千 百 十 元 角 分	√	借或贷	余额 十 亿 千 百 十 万 千 百 十 元 角 分	√

总分类账

总第____页

年 月	日	凭证 种类	凭证 号数	摘要	对方科目	借方金额 十 亿 千 百 十 万 千 百 十 元 角 分	√	贷方金额 十 亿 千 百 十 万 千 百 十 元 角 分	√	借或贷	余额 十 亿 千 百 十 万 千 百 十 元 角 分	√

176

总分类账

年		凭证		摘要	对方科目	借方金额											贷方金额											借或贷	余额										
月	日	种类	号数			十	亿	千	百	十	万	千	百	十	元	角	分	十	亿	千	百	十	万	千	百	十	元	角	分		十	亿	千	百	十	万	千	百	十	元	角	分

总第＿＿页

总分类账

年		凭证		摘要	对方科目	借方金额											贷方金额											借或贷	余额										
月	日	种类	号数			十	亿	千	百	十	万	千	百	十	元	角	分	十	亿	千	百	十	万	千	百	十	元	角	分		十	亿	千	百	十	万	千	百	十	元	角	分

总第＿＿页

总分类账

年		凭证		摘要	对方科目	日页	借方金额											贷方金额											借或贷	余额											√
月	日	种类	号数				十	亿	千	百	十	万	千	百	十	元	角	分	十	亿	千	百	十	万	千	百	十	元	角	分		十	亿	千	百	十	万	千	百	十	元	角	分	

总分类账

年		凭证		摘要	对方科目	日页	借方金额											贷方金额											借或贷	余额											√
月	日	种类	号数				十	亿	千	百	十	万	千	百	十	元	角	分	十	亿	千	百	十	万	千	百	十	元	角	分		十	亿	千	百	十	万	千	百	十	元	角	分	

总分类账

年		凭证		摘要	对方科目	借方金额											贷方金额											借或贷	余额										
月	日	种类	号数			十	亿	千	百	十	万	千	百	十	元	角	分	十	亿	千	百	十	万	千	百	十	元	角	分		十	亿	千	百	十	万	千	百	十	元	角	分

总分类账

年		凭证		摘要	对方科目	借方金额											贷方金额											借或贷	余额										
月	日	种类	号数			十	亿	千	百	十	万	千	百	十	元	角	分	十	亿	千	百	十	万	千	百	十	元	角	分		十	亿	千	百	十	万	千	百	十	元	角	分

总分类账

总第＿＿＿页

年		凭证		摘 要	对方科目	日 页	借方金额											贷方金额											借或贷	余 额											√
月	日	种类	号数				十	亿	千	百	十	万	千	百	十	元	角	分	十	亿	千	百	十	万	千	百	十	元	角	分		十	亿	千	百	十	万	千	百	十	元	角	分

总分类账

总第＿＿＿页

年		凭证		摘 要	对方科目	日 页	借方金额											贷方金额											借或贷	余 额											√
月	日	种类	号数				十	亿	千	百	十	万	千	百	十	元	角	分	十	亿	千	百	十	万	千	百	十	元	角	分		十	亿	千	百	十	万	千	百	十	元	角	分

总分类账

年		凭证		摘要	对方科目	日页	借方金额											√	贷方金额											√	借或贷	余额											√
月	日	种类	号数				十	亿	千	百	十	万	千	百	十	元	角	分		十	亿	千	百	十	万	千	百	十	元	角	分			十	亿	千	百	十	万	千	百	十	元	角	分	

总分类账

年		凭证		摘要	对方科目	日页	借方金额											√	贷方金额											√	借或贷	余额											√
月	日	种类	号数				十	亿	千	百	十	万	千	百	十	元	角	分		十	亿	千	百	十	万	千	百	十	元	角	分			十	亿	千	百	十	万	千	百	十	元	角	分	

总分类账

年		凭证		摘要	对方科目	日页	借方金额											√	贷方金额											√	借或贷	余额											√
月	日	种类	号数				十	亿	千	百	十	万	千	百	十	元	角	分	十	亿	千	百	十	万	千	百	十	元	角	分		十	亿	千	百	十	万	千	百	十	元	角	分

总分类账

年		凭证		摘要	对方科目	日页	借方金额											√	贷方金额											√	借或贷	余额											√
月	日	种类	号数				十	亿	千	百	十	万	千	百	十	元	角	分	十	亿	千	百	十	万	千	百	十	元	角	分		十	亿	千	百	十	万	千	百	十	元	角	分

总分类账

年		凭证		摘要	对方科目	借方金额										√	贷方金额										√	借或贷	余额										√
月	日	种类	号数			十	亿	千	百	十	万	千	百	十	元	角	分	十	亿	千	百	十	万	千	百	十	元	角	分		十	亿	千	百	十	万	千	百	十	元	角	分

总分类账

年		凭证		摘要	对方科目	借方金额										√	贷方金额										√	借或贷	余额										√
月	日	种类	号数			十	亿	千	百	十	万	千	百	十	元	角	分	十	亿	千	百	十	万	千	百	十	元	角	分		十	亿	千	百	十	万	千	百	十	元	角	分

总分类账

年		凭证		摘要	对方科目	借方金额										借或贷	贷方金额										借或贷	余额										
月	日	种类	号数			十	亿	千	百	十	万	千	百	十	元	角	分	十	亿	千	百	十	万	千	百	十	元	角	分	十	亿	千	百	十	万	千	百	十	元	角	分

总分类账

年		凭证		摘要	对方科目	借方金额										借或贷	贷方金额										借或贷	余额										
月	日	种类	号数			十	亿	千	百	十	万	千	百	十	元	角	分	十	亿	千	百	十	万	千	百	十	元	角	分	十	亿	千	百	十	万	千	百	十	元	角	分

总分类账

总第＿＿页

年		凭证		摘要	对方科目	√日页	借方金额											√	借或贷	贷方金额											√	余额											√
月	日	种类	号数				十	亿	千	百	十	万	千	百	十	元	角	分			十	亿	千	百	十	万	千	百	十	元	角	分		十	亿	千	百	十	万	千	百	十	元	角	分	

总分类账

总第＿＿页

年		凭证		摘要	对方科目	√日页	借方金额											√	借或贷	贷方金额											√	余额											√
月	日	种类	号数				十	亿	千	百	十	万	千	百	十	元	角	分			十	亿	千	百	十	万	千	百	十	元	角	分		十	亿	千	百	十	万	千	百	十	元	角	分	

185

总分类账

总第 ___ 页

年		凭证		摘要	对方科目	日页	借方金额										√	贷方金额										借或贷	√	余 额										√
月	日	种类	号数				十	亿	千	百	十	万	千	百	十	元	角	分	十	亿	千	百	十	万	千	百	十	元	角	分			十	亿	千	百	十	万	千	百	十	元	角	分

总分类账

总第 ___ 页

年		凭证		摘要	对方科目	日页	借方金额										√	贷方金额										借或贷	√	余 额										√
月	日	种类	号数				十	亿	千	百	十	万	千	百	十	元	角	分	十	亿	千	百	十	万	千	百	十	元	角	分			十	亿	千	百	十	万	千	百	十	元	角	分

186

总分类账

总第_____页

年		凭证		摘要	对方科目	日页	借方金额												√	贷方金额												√	借或贷	余额												√
月	日	种类	号数				十	亿	千	百	十	万	千	百	十	元	角	分		十	亿	千	百	十	万	千	百	十	元	角	分			十	亿	千	百	十	万	千	百	十	元	角	分	

总分类账

总第_____页

年		凭证		摘要	对方科目	日页	借方金额												√	贷方金额												√	借或贷	余额												√
月	日	种类	号数				十	亿	千	百	十	万	千	百	十	元	角	分		十	亿	千	百	十	万	千	百	十	元	角	分			十	亿	千	百	十	万	千	百	十	元	角	分	

总分类账

总第＿＿页

年		凭证		摘要	对方科目	借方金额		√	贷方金额		√	借或贷	余额		√
月	日	种类	号数			十亿千百十万千百十元角分			十亿千百十万千百十元角分				十亿千百十万千百十元角分		

总分类账

总第＿＿页

年		凭证		摘要	对方科目	借方金额		√	贷方金额		√	借或贷	余额		√
月	日	种类	号数			十亿千百十万千百十元角分			十亿千百十万千百十元角分				十亿千百十万千百十元角分		

188

总分类账

总第＿＿页

年		凭证		摘要	对方科目	日页	借方金额	√	贷方金额	√	借或贷	余额	√
月	日	种类	号数				十亿千百十万千百十元角分		十亿千百十万千百十元角分		借或贷	十亿千百十万千百十元角分	

总分类账

总第＿＿页

年		凭证		摘要	对方科目	日页	借方金额	√	贷方金额	√	借或贷	余额	√
月	日	种类	号数				十亿千百十万千百十元角分		十亿千百十万千百十元角分		借或贷	十亿千百十万千百十元角分	

总分类账

总第 ___ 页

年		凭证		摘要	对方科目	借方金额											√	贷方金额											借或贷	余额											√
月	日	种类	号数			十	亿	千	百	十	万	千	百	十	元	角	分	十	亿	千	百	十	万	千	百	十	元	角	分		十	亿	千	百	十	万	千	百	十	元	角	分

总分类账

总第 ___ 页

年		凭证		摘要	对方科目	借方金额											√	贷方金额											借或贷	余额											√
月	日	种类	号数			十	亿	千	百	十	万	千	百	十	元	角	分	十	亿	千	百	十	万	千	百	十	元	角	分		十	亿	千	百	十	万	千	百	十	元	角	分

总分类账

年		凭证		摘 要	对方科目	借方金额										√	贷方金额										√	借或贷	余 额										√
月	日	种类	号数			十	亿	千	百	十	万	千	百	十	元	角	分	十	亿	千	百	十	万	千	百	十	元	角	分		十	亿	千	百	十	万	千	百	十	元	角	分

总分类账

年		凭证		摘 要	对方科目	借方金额										√	贷方金额										√	借或贷	余 额										√
月	日	种类	号数			十	亿	千	百	十	万	千	百	十	元	角	分	十	亿	千	百	十	万	千	百	十	元	角	分		十	亿	千	百	十	万	千	百	十	元	角	分

总分类账

总第＿＿＿页

年		凭证		摘要	对方科目		借方金额										√	贷方金额										√	借或贷	余额										√
月	日	种类	号数			日页	十	亿	千	百	十	万	千	百	十	元	角	分	十	亿	千	百	十	万	千	百	十	元	角	分		十	亿	千	百	十	万	千	百	十	元	角	分

总分类账

总第＿＿＿页

年		凭证		摘要	对方科目		借方金额										√	贷方金额										√	借或贷	余额										√
月	日	种类	号数			日页	十	亿	千	百	十	万	千	百	十	元	角	分	十	亿	千	百	十	万	千	百	十	元	角	分		十	亿	千	百	十	万	千	百	十	元	角	分

192

烟台蓝海机械有限公司

日　记　账

会计档案	自　年　月　日至　年　月　日止		
	册内共　页(张)	保管期限	
	金宗号	目录号	案卷号	

20＿＿＿年度

库 存 现 金 日 记 账

第____页

年		凭证号数	对方科目	摘要	√	收入（借方）金额										付出（贷方）金额										结余金额									
月	日					十	亿	千	百	十	万	千	百	十	元	角	分	十	亿	千	百	十	万	千	百	十	元	角	分	十	万	千	百	十	元	角	分

195

库存现金日记账

年		凭证号数	对方科目	摘要	√	收入（借方）金额										付出（贷方）金额										结余金额									
月	日					十	亿	千	百	十	万	千	百	十	元	角	分	十	亿	千	百	十	万	千	百	十	元	角	分	十	亿	千	百	十	万	千	百	十	元	角	分

196

银行存款日记账

第＿＿页

年		凭证号数	对方科目	摘要	√	收入(借方)金额												付出(贷方)金额												结余金额											
月	日					十	亿	千	百	十	万	千	百	十	元	角	分	十	亿	千	百	十	万	千	百	十	元	角	分	十	亿	千	百	十	万	千	百	十	元	角	分

197

银 行 存 款 日 记 账

年		凭证号数	对方科目	摘要	√	收入（借方）金额										付出（贷方）金额										结余金额									
月	日					十	亿	千	百	十	万	千	百	十	元	角	分	十	亿	千	百	十	万	千	百	十	元	角	分	十	亿	千	百	十	万	千	百	十	元	角	分

198

银 行 存 款 日 记 账

年		凭证号数	对方科目	摘要	√	收入（借方）金额											付出（贷方）金额											结余金额										
月	日					十	亿	千	百	十	万	千	百	十	元	角	分	十	亿	千	百	十	万	千	百	十	元	角	分	十	亿	千	百	十	万	千	百	十	元	角	分

199

烟台蓝海机械有限公司

明细分类账

会计档案	自　年　月　日至　年　月　日止		
	册内共　　页(张)	保管期限	
	金宗号　　　目录号	案卷号	

20____年度

三栏式明细账目录

编 号	科 目	起讫页码	编 号	科 目	起讫页码

三栏式明细账目录

编号	科目	起讫页码	编号	科目	起讫页码

三 栏 式 明 细 账 目 录

编 号	科 目	起讫页码	编 号	科 目	起讫页码

明细账

级科目编号及名称 _____

级科目编号及名称 _____

年		凭证		摘要	对方科目	借方金额		贷方金额		借或贷	余额	
月	日	种类	号数			十亿千百十万千百十元角分	√	十亿千百十万千百十元角分	√		十亿千百十万千百十元角分	√

明细账

总第 页 分第 页

级科目编号及名称 _____

级科目编号及名称 _____

年		凭证		摘要	对方科目	借方金额		贷方金额		借或贷	余额	
月	日	种类	号数			十亿千百十万千百十元角分	√	十亿千百十万千百十元角分	√		十亿千百十万千百十元角分	√

明 细 账

总第 ____ 页 分第 ____ 页

级科目编号及名称 ____
级科目编号及名称 ____

年		凭证		摘要	对方科目	借方金额											√	贷方金额											√	借或贷	余额											√
月	日	种类	号数			十	亿	千	百	十	万	千	百	十	元	角	分		十	亿	千	百	十	万	千	百	十	元	角	分			十	亿	千	百	十	万	千	百	十	元	角	分

明 细 账

总第 ____ 页 分第 ____ 页

级科目编号及名称 ____
级科目编号及名称 ____

年		凭证		摘要	对方科目	借方金额											√	贷方金额											√	借或贷	余额											√
月	日	种类	号数			十	亿	千	百	十	万	千	百	十	元	角	分		十	亿	千	百	十	万	千	百	十	元	角	分			十	亿	千	百	十	万	千	百	十	元	角	分

207

明细账

一级科目编号及名称 ___

二级科目编号及名称 ___

年		凭证		摘要	对方科目	借方金额											√	贷方金额											√	借或贷	余额											√
月	日	种类	号数			十	亿	千	百	十	万	千	百	十	元	角	分	十	亿	千	百	十	万	千	百	十	元	角	分		十	亿	千	百	十	万	千	百	十	元	角	分

明细账

总第 ___ 页 分第 ___ 页

一级科目编号及名称 ___

二级科目编号及名称 ___

年		凭证		摘要	对方科目	借方金额											√	贷方金额											√	借或贷	余额											√
月	日	种类	号数			十	亿	千	百	十	万	千	百	十	元	角	分	十	亿	千	百	十	万	千	百	十	元	角	分		十	亿	千	百	十	万	千	百	十	元	角	分

208

明细账

级科目编号及名称　　　　
级科目编号及名称　　　　

年		凭证		摘要	对方科目	日页	借方金额											√	贷方金额											√	借或贷	余额											√
月	日	种类	号数				十	亿	千	百	十	万	千	百	十	元	角	分	十	亿	千	百	十	万	千	百	十	元	角	分		十	亿	千	百	十	万	千	百	十	元	角	分

明细账

级科目编号及名称　　　　
级科目编号及名称　　　　

年		凭证		摘要	对方科目	日页	借方金额											√	贷方金额											√	借或贷	余额											√
月	日	种类	号数				十	亿	千	百	十	万	千	百	十	元	角	分	十	亿	千	百	十	万	千	百	十	元	角	分		十	亿	千	百	十	万	千	百	十	元	角	分

明细账

级科目编号及名称 ___
级科目编号及名称 ___

年		凭证		摘要	对方科目	借方金额	贷方金额	借或贷	余额
月	日	种类	号数			十亿千百十万千百十元角分 √	十亿千百十万千百十元角分 √		十亿千百十万千百十元角分 √

明细账

总第 ___ 页 分第 ___ 页

级科目编号及名称 ___
级科目编号及名称 ___

年		凭证		摘要	对方科目	借方金额	贷方金额	借或贷	余额
月	日	种类	号数			十亿千百十万千百十元角分 √	十亿千百十万千百十元角分 √		十亿千百十万千百十元角分 √

明细账

总第 ___ 页 分第 ___ 页

___ 级科目编号及名称
___ 级科目编号及名称

年		凭证		摘要	对方科目	日页	借方金额											√	贷方金额											√	借或贷	余额											√
月	日	种类	号数				十	亿	千	百	十	万	千	百	十	元	角	分		十	亿	千	百	十	万	千	百	十	元	角	分			十	亿	千	百	十	万	千	百	十	元	角	分	

明细账

总第 ___ 页 分第 ___ 页

___ 级科目编号及名称
___ 级科目编号及名称

年		凭证		摘要	对方科目	日页	借方金额											√	贷方金额											√	借或贷	余额											√
月	日	种类	号数				十	亿	千	百	十	万	千	百	十	元	角	分		十	亿	千	百	十	万	千	百	十	元	角	分			十	亿	千	百	十	万	千	百	十	元	角	分	

明细账

级科目编号及名称　　　　
级科目编号及名称　　　　

年		凭证		摘要	对方科目	日页	借方金额											√	贷方金额											√	借或贷	余额											√
月	日	种类	号数				十	亿	千	百	十	万	千	百	十	元	角	分		十	亿	千	百	十	万	千	百	十	元	角	分			十	亿	千	百	十	万	千	百	十	元	角	分	

明细账

总第　　页　分第　　页

级科目编号及名称　　　　
级科目编号及名称　　　　

年		凭证		摘要	对方科目	日页	借方金额											√	贷方金额											√	借或贷	余额											√
月	日	种类	号数				十	亿	千	百	十	万	千	百	十	元	角	分		十	亿	千	百	十	万	千	百	十	元	角	分			十	亿	千	百	十	万	千	百	十	元	角	分	

明细账

总第　　　页　分第　　　页
级科目编号及名称　　　　　　
级科目编号及名称　　　　　　

年		凭证		摘要	对方科目	借方金额											√	借或贷	贷方金额											√	余额											√
月	日	种类	号数			十	亿	千	百	十	万	千	百	十	元	角	分			十	亿	千	百	十	万	千	百	十	元	角	分		十	亿	千	百	十	万	千	百	十	元	角	分

明细账

总第　　　页　分第　　　页
级科目编号及名称　　　　　　
级科目编号及名称　　　　　　

年		凭证		摘要	对方科目	借方金额											√	借或贷	贷方金额											√	余额											√
月	日	种类	号数			十	亿	千	百	十	万	千	百	十	元	角	分			十	亿	千	百	十	万	千	百	十	元	角	分		十	亿	千	百	十	万	千	百	十	元	角	分

明细账

级科目编号及名称＿＿＿
级科目编号及名称＿＿＿

年		凭证		摘要	对方科目	日页 √	借方金额 十 亿 千 百 十 万 千 百 十 元 角 分	√	贷方金额 十 亿 千 百 十 万 千 百 十 元 角 分	借或贷	余额 十 亿 千 百 十 万 千 百 十 元 角 分	√
月	日	种类	号数									

明细账

总第＿＿页　分第＿＿页

级科目编号及名称＿＿＿
级科目编号及名称＿＿＿

年		凭证		摘要	对方科目	日页 √	借方金额 十 亿 千 百 十 万 千 百 十 元 角 分	√	贷方金额 十 亿 千 百 十 万 千 百 十 元 角 分	借或贷	余额 十 亿 千 百 十 万 千 百 十 元 角 分	√
月	日	种类	号数									

明细账

总第____页　分第____页

级科目编号及名称____

级科目编号及名称____

年		凭证		摘要	对方科目	借方金额											√	贷方金额											借或贷	余额											√
月	日	种类	号数			十	亿	千	百	十	万	千	百	十	元	角	分		十	亿	千	百	十	万	千	百	十	元	角	分		十	亿	千	百	十	万	千	百	十	元	角	分	

明细账

总第____页　分第____页

级科目编号及名称____

级科目编号及名称____

年		凭证		摘要	对方科目	借方金额											√	贷方金额											借或贷	余额											√
月	日	种类	号数			十	亿	千	百	十	万	千	百	十	元	角	分		十	亿	千	百	十	万	千	百	十	元	角	分		十	亿	千	百	十	万	千	百	十	元	角	分	

明细账

总第 _____ 页 分第 _____ 页

_____ 级科目编号及名称 _____
_____ 级科目编号及名称 _____

年		凭证		摘要	对方科目	借方金额												√	贷方金额												√	借或贷	余额												√
月	日	种类	号数			十	亿	千	百	十	万	千	百	十	元	角	分		十	亿	千	百	十	万	千	百	十	元	角	分			十	亿	千	百	十	万	千	百	十	元	角	分	

明细账

总第 _____ 页 分第 _____ 页

_____ 级科目编号及名称 _____
_____ 级科目编号及名称 _____

年		凭证		摘要	对方科目	借方金额												√	贷方金额												√	借或贷	余额												√
月	日	种类	号数			十	亿	千	百	十	万	千	百	十	元	角	分		十	亿	千	百	十	万	千	百	十	元	角	分			十	亿	千	百	十	万	千	百	十	元	角	分	

明细账

级科目编号及名称 ___
级科目编号及名称 ___

年		凭证		摘要	对方科目	借方金额										√	贷方金额										借或贷	余额										√
月	日	种类	号数		日页	十	亿	千	百	十	万	千	百	十	元	角	分	十	亿	千	百	十	万	千	百	十	元	角	分	十	亿	千	百	十	万	千	百	十	元	角	分

明细账

总第 ___ 页 分第 ___ 页

级科目编号及名称 ___
级科目编号及名称 ___

年		凭证		摘要	对方科目	借方金额										√	贷方金额										借或贷	余额										√
月	日	种类	号数		日页	十	亿	千	百	十	万	千	百	十	元	角	分	十	亿	千	百	十	万	千	百	十	元	角	分	十	亿	千	百	十	万	千	百	十	元	角	分

明细账

总第＿＿页　分第＿＿页

级科目编号及名称＿＿＿＿

级科目编号及名称＿＿＿＿

年		凭证		摘　要	对方科目	借方金额			贷方金额			借或贷	余　额		
月	日	种类	号数			页	十亿千百十万千百十元角分	√		十亿千百十万千百十元角分	√			十亿千百十万千百十元角分	√

明细账

总第＿＿页　分第＿＿页

级科目编号及名称＿＿＿＿

级科目编号及名称＿＿＿＿

年		凭证		摘　要	对方科目	借方金额			贷方金额			借或贷	余　额		
月	日	种类	号数			页	十亿千百十万千百十元角分	√		十亿千百十万千百十元角分	√			十亿千百十万千百十元角分	√

明细账

年		凭证		摘	对方科目	借方金额										√	贷方金额										借或贷	余 额										√
月	日	种类	号数	要		十	亿	千	百	十	万	千	百	十	元	角	分	十	亿	千	百	十	万	千	百	十	元	角	分	十	亿	千	百	十	万	千	百	十	元	角	分

总第_____页 分第_____页

级科目编号及名称_____

级科目编号及名称_____

明细账

年		凭证		摘	对方科目	借方金额										√	贷方金额										借或贷	余 额										√
月	日	种类	号数	要		十	亿	千	百	十	万	千	百	十	元	角	分	十	亿	千	百	十	万	千	百	十	元	角	分	十	亿	千	百	十	万	千	百	十	元	角	分

总第_____页 分第_____页

级科目编号及名称_____

级科目编号及名称_____

219

明细账

总第 ___ 页
分第 ___ 页

级科目编号及名称 ___
级科目编号及名称 ___

年		凭证		摘要	对方科目		借方金额										√	贷方金额										√	借或贷	余额										√
月	日	种类	号数			页	十	亿	千	百	十	万	千	百	十	元	角	分	十	亿	千	百	十	万	千	百	十	元	角	分		十	亿	千	百	十	万	千	百	十	元	角	分

明细账

总第 ___ 页
分第 ___ 页

级科目编号及名称 ___
级科目编号及名称 ___

年		凭证		摘要	对方科目		借方金额										√	贷方金额										√	借或贷	余额										√
月	日	种类	号数			页	十	亿	千	百	十	万	千	百	十	元	角	分	十	亿	千	百	十	万	千	百	十	元	角	分		十	亿	千	百	十	万	千	百	十	元	角	分

220

明细账

二级科目编号及名称　　　　
三级科目编号及名称　　　　

年		凭证		摘要	对方科目	页	借方金额											√	贷方金额											√	借或贷	余　额											√
月	日	种类	号数				十	亿	千	百	十	万	千	百	十	元	角	分		十	亿	千	百	十	万	千	百	十	元	角	分			十	亿	千	百	十	万	千	百	十	元	角	分	

明细账

二级科目编号及名称　　　　
三级科目编号及名称　　　　

年		凭证		摘要	对方科目	页	借方金额											√	贷方金额											√	借或贷	余　额											√
月	日	种类	号数				十	亿	千	百	十	万	千	百	十	元	角	分		十	亿	千	百	十	万	千	百	十	元	角	分			十	亿	千	百	十	万	千	百	十	元	角	分	

明细账

级科目编号及名称＿＿＿＿
级科目编号及名称＿＿＿＿

年		凭证		摘要	对方科目	页	借方金额												√	贷方金额												√	借或贷	余额												√
月	日	种类	号数				十	亿	千	百	十	万	千	百	十	元	角	分		十	亿	千	百	十	万	千	百	十	元	角	分			十	亿	千	百	十	万	千	百	十	元	角	分	

明细账

级科目编号及名称＿＿＿＿
级科目编号及名称＿＿＿＿

年		凭证		摘要	对方科目	页	借方金额												√	贷方金额												√	借或贷	余额												√
月	日	种类	号数				十	亿	千	百	十	万	千	百	十	元	角	分		十	亿	千	百	十	万	千	百	十	元	角	分			十	亿	千	百	十	万	千	百	十	元	角	分	

明细账

总第＿＿＿页　分第＿＿＿页

＿＿级科目编号及名称＿＿＿＿

＿＿级科目编号及名称＿＿＿＿

年		凭证		摘要	对方科目	借方金额												√	贷方金额												√	借或贷	余额												√
月	日	种类	号数			十	亿	千	百	十	万	千	百	十	元	角	分		十	亿	千	百	十	万	千	百	十	元	角	分			十	亿	千	百	十	万	千	百	十	元	角	分	

明细账

总第＿＿＿页　分第＿＿＿页

＿＿级科目编号及名称＿＿＿＿

＿＿级科目编号及名称＿＿＿＿

年		凭证		摘要	对方科目	借方金额												√	贷方金额												√	借或贷	余额												√
月	日	种类	号数			十	亿	千	百	十	万	千	百	十	元	角	分		十	亿	千	百	十	万	千	百	十	元	角	分			十	亿	千	百	十	万	千	百	十	元	角	分	

明细账

级科目编号及名称＿＿＿＿
级科目编号及名称＿＿＿＿

年		凭证		摘要	对方科目	借方金额											√	贷方金额											√	借或贷	余额											√
月	日	种类	号数			十	亿	千	百	十	万	千	百	十	元	角	分		十	亿	千	百	十	万	千	百	十	元	角	分			十	亿	千	百	十	万	千	百	十	元	角	分	

明细账

总第＿＿页　分第＿＿页

级科目编号及名称＿＿＿＿
级科目编号及名称＿＿＿＿

年		凭证		摘要	对方科目	借方金额											√	贷方金额											√	借或贷	余额											√
月	日	种类	号数			十	亿	千	百	十	万	千	百	十	元	角	分		十	亿	千	百	十	万	千	百	十	元	角	分			十	亿	千	百	十	万	千	百	十	元	角	分	

明细账

级科目编号及名称 _____
级科目编号及名称 _____

| 年 | | 凭证 | | 摘要 | 对方科目 | 页 | 借方金额 | | | | | | | | | | | √ | 贷方金额 | | | | | | | | | | | √ | 借或贷 | 余额 | | | | | | | | | | | √ |
月	日	种类	号数			日	十	亿	千	百	十	万	千	百	十	元	角	分		十	亿	千	百	十	万	千	百	十	元	角	分			十	亿	千	百	十	万	千	百	十	元	角	分	

明细账

级科目编号及名称 _____
级科目编号及名称 _____

| 年 | | 凭证 | | 摘要 | 对方科目 | 页 | 借方金额 | | | | | | | | | | | √ | 贷方金额 | | | | | | | | | | | √ | 借或贷 | 余额 | | | | | | | | | | | √ |
月	日	种类	号数			日	十	亿	千	百	十	万	千	百	十	元	角	分		十	亿	千	百	十	万	千	百	十	元	角	分			十	亿	千	百	十	万	千	百	十	元	角	分	

明细账

级科目编号及名称____
级科目编号及名称____

年		凭证		摘要	对方科目	借方金额											√	贷方金额											√	借或贷	余额											√
月	日	种类	号数			十	亿	千	百	十	万	千	百	十	元	角	分	十	亿	千	百	十	万	千	百	十	元	角	分		十	亿	千	百	十	万	千	百	十	元	角	分
日页																																										

明细账

总第____页　分第____页

级科目编号及名称____
级科目编号及名称____

年		凭证		摘要	对方科目	借方金额											√	贷方金额											√	借或贷	余额											√
月	日	种类	号数			十	亿	千	百	十	万	千	百	十	元	角	分	十	亿	千	百	十	万	千	百	十	元	角	分		十	亿	千	百	十	万	千	百	十	元	角	分
日页																																										

明细账

明细账

总第＿＿页　分第＿＿页

一级科目编号及名称＿＿＿＿
二级科目编号及名称＿＿＿＿

年		凭证		摘要	对方科目	借方金额												√	贷方金额												√	借或贷	余额												√
月	日	种类	号数			十	亿	千	百	十	万	千	百	十	元	角	分		十	亿	千	百	十	万	千	百	十	元	角	分			十	亿	千	百	十	万	千	百	十	元	角	分	

明细账

总第＿＿页　分第＿＿页

一级科目编号及名称＿＿＿＿
二级科目编号及名称＿＿＿＿

年		凭证		摘要	对方科目	借方金额												√	贷方金额												√	借或贷	余额												√
月	日	种类	号数			十	亿	千	百	十	万	千	百	十	元	角	分		十	亿	千	百	十	万	千	百	十	元	角	分			十	亿	千	百	十	万	千	百	十	元	角	分	

明细账

＿＿级科目编号及名称＿＿
＿＿级科目编号及名称＿＿

年		凭证		摘要	对方科目	借方金额											借或贷	贷方金额											√	余额										
月	日	种类	号数			√											√												√												
						十	亿	千	百	十	万	千	百	十	元	角	分		十	亿	千	百	十	万	千	百	十	元	角	分	十	亿	千	百	十	万	千	百	十	元	角	分

明细账

总第＿＿页 分第＿＿页

＿＿级科目编号及名称＿＿
＿＿级科目编号及名称＿＿

年		凭证		摘要	对方科目	借方金额											借或贷	贷方金额											√	余额										
月	日	种类	号数			√											√												√												
						十	亿	千	百	十	万	千	百	十	元	角	分		十	亿	千	百	十	万	千	百	十	元	角	分	十	亿	千	百	十	万	千	百	十	元	角	分

明细账

总第 ____ 页 分第 ____ 页

____级科目编号及名称 ____

____级科目编号及名称 ____

年		凭证		摘要	对方科目	借方金额		贷方金额		借或贷	余额	
月	日	种类	号数			十亿千百十万千百十元角分 页√		十亿千百十万千百十元角分 页√			十亿千百十万千百十元角分 √	

明细账

总第 ____ 页 分第 ____ 页

____级科目编号及名称 ____

____级科目编号及名称 ____

年		凭证		摘要	对方科目	借方金额		贷方金额		借或贷	余额	
月	日	种类	号数			十亿千百十万千百十元角分 页√		十亿千百十万千百十元角分 页√			十亿千百十万千百十元角分 √	

明细账

级科目编号及名称　　　　
级科目编号及名称　　　　

年		凭证		摘要	对方科目	页	借方金额											√	贷方金额											√	借或贷	余额											√
月	日	种类	号数				十	亿	千	百	十	万	千	百	十	元	角	分		十	亿	千	百	十	万	千	百	十	元	角	分			十	亿	千	百	十	万	千	百	十	元	角	分	

明细账

级科目编号及名称　　　　
级科目编号及名称　　　　

年		凭证		摘要	对方科目	页	借方金额											√	贷方金额											√	借或贷	余额											√
月	日	种类	号数				十	亿	千	百	十	万	千	百	十	元	角	分		十	亿	千	百	十	万	千	百	十	元	角	分			十	亿	千	百	十	万	千	百	十	元	角	分	

明细账

级科目编号及名称＿＿＿＿
级科目编号及名称＿＿＿＿

年		凭证		摘要	对方科目	借方金额											√	贷方金额											√	借或贷	余　额											√
月	日	种类	号数			十	亿	千	百	十	万	千	百	十	元	角	分		十	亿	千	百	十	万	千	百	十	元	角	分			十	亿	千	百	十	万	千	百	十	元	角	分	

明细账

总第＿＿页　分第＿＿页

级科目编号及名称＿＿＿＿
级科目编号及名称＿＿＿＿

年		凭证		摘要	对方科目	借方金额											√	贷方金额											√	借或贷	余　额											√
月	日	种类	号数			十	亿	千	百	十	万	千	百	十	元	角	分		十	亿	千	百	十	万	千	百	十	元	角	分			十	亿	千	百	十	万	千	百	十	元	角	分	

明细账

总第＿＿页　分第＿＿页

级科目编号及名称＿＿＿＿

级科目编号及名称＿＿＿＿

年		凭证		摘要	对方科目	借方金额											√	贷方金额											√	借或贷	余额											√
月	日	种类	号数			日页	十	亿	千	百	十	万	千	百	十	元	角	分	十	亿	千	百	十	万	千	百	十	元	角	分		十	亿	千	百	十	万	千	百	十	元	角	分

明细账

总第＿＿页　分第＿＿页

级科目编号及名称＿＿＿＿

级科目编号及名称＿＿＿＿

年		凭证		摘要	对方科目	借方金额											√	贷方金额											√	借或贷	余额											√
月	日	种类	号数			日页	十	亿	千	百	十	万	千	百	十	元	角	分	十	亿	千	百	十	万	千	百	十	元	角	分		十	亿	千	百	十	万	千	百	十	元	角	分

明细账

年		凭证		摘要	对方科目	借方金额											√	贷方金额											√	借或贷	余额											√
月	日	种类	号数			十	亿	千	百	十	万	千	百	十	元	角	分		十	亿	千	百	十	万	千	百	十	元	角	分		十	亿	千	百	十	万	千	百	十	元	角	分

总第＿＿＿页　分第＿＿＿页
一级科目编号及名称＿＿＿＿＿＿＿
二级科目编号及名称＿＿＿＿＿＿＿

明细账

年		凭证		摘要	对方科目	借方金额											√	贷方金额											√	借或贷	余额											√
月	日	种类	号数			十	亿	千	百	十	万	千	百	十	元	角	分		十	亿	千	百	十	万	千	百	十	元	角	分		十	亿	千	百	十	万	千	百	十	元	角	分

总第＿＿＿页　分第＿＿＿页
一级科目编号及名称＿＿＿＿＿＿＿
二级科目编号及名称＿＿＿＿＿＿＿

234

明细账

级科目编号及名称
级科目编号及名称

年		凭证		摘要	对方科目	日页	借方金额											√	贷方金额											√	借或贷	余额											√
月	日	种类	号数				十	亿	千	百	十	万	千	百	十	元	角	分	十	亿	千	百	十	万	千	百	十	元	角	分		十	亿	千	百	十	万	千	百	十	元	角	分

明细账

级科目编号及名称
级科目编号及名称

年		凭证		摘要	对方科目	日页	借方金额											√	贷方金额											√	借或贷	余额											√
月	日	种类	号数				十	亿	千	百	十	万	千	百	十	元	角	分	十	亿	千	百	十	万	千	百	十	元	角	分		十	亿	千	百	十	万	千	百	十	元	角	分

明细账

级科目编号及名称 _____
级科目编号及名称 _____

年		凭证		摘要	对方科目	借方金额											√	贷方金额											√	借或贷	余额											√
月	日	种类	号数			十	亿	千	百	十	万	千	百	十	元	角	分	十	亿	千	百	十	万	千	百	十	元	角	分		十	亿	千	百	十	万	千	百	十	元	角	分

明细账

级科目编号及名称 _____
级科目编号及名称 _____

年		凭证		摘要	对方科目	借方金额											√	贷方金额											√	借或贷	余额											√
月	日	种类	号数			十	亿	千	百	十	万	千	百	十	元	角	分	十	亿	千	百	十	万	千	百	十	元	角	分		十	亿	千	百	十	万	千	百	十	元	角	分

明细账

总第＿＿页 分第＿＿页

＿＿级科目编号及名称
＿＿级科目编号及名称

年		凭证		摘要	对方科目	借方金额		贷方金额		借或贷	余额	
月	日	种类	号数			十亿千百十万千百十元角分	√	十亿千百十万千百十元角分	√		十亿千百十万千百十元角分	√

明细账

总第＿＿页 分第＿＿页

＿＿级科目编号及名称
＿＿级科目编号及名称

年		凭证		摘要	对方科目	借方金额		贷方金额		借或贷	余额	
月	日	种类	号数			十亿千百十万千百十元角分	√	十亿千百十万千百十元角分	√		十亿千百十万千百十元角分	√

明细账

总第＿＿＿页　分第＿＿＿页

级科目编号及名称＿＿＿＿＿

级科目编号及名称＿＿＿＿＿

年		凭证		摘要	对方科目	日页	借方金额											√	贷方金额											√	借或贷	余额											√
月	日	种类	号数				十	亿	千	百	十	万	千	百	十	元	角	分	十	亿	千	百	十	万	千	百	十	元	角	分		十	亿	千	百	十	万	千	百	十	元	角	分

明细账

总第＿＿＿页　分第＿＿＿页

级科目编号及名称＿＿＿＿＿

级科目编号及名称＿＿＿＿＿

年		凭证		摘要	对方科目	日页	借方金额											√	贷方金额											√	借或贷	余额											√
月	日	种类	号数				十	亿	千	百	十	万	千	百	十	元	角	分	十	亿	千	百	十	万	千	百	十	元	角	分		十	亿	千	百	十	万	千	百	十	元	角	分

明细账

级科目编号及名称 ___
级科目编号及名称 ___

| 年 | | 凭证 | | 摘要 | 对方科目 | 日页 | 借方金额 | | | | | | | | | | √ | 贷方金额 | | | | | | | | | | √ | 借或贷 | 余额 | | | | | | | | | | √ |
| 月 | 日 | 种类 | 号数 | | | | 十 | 亿 | 千 | 百 | 十 | 万 | 千 | 百 | 十 | 元 | 角 | 分 | | 十 | 亿 | 千 | 百 | 十 | 万 | 千 | 百 | 十 | 元 | 角 | 分 | | | 十 | 亿 | 千 | 百 | 十 | 万 | 千 | 百 | 十 | 元 | 角 | 分 |

明细账

总第 ___ 页 分第 ___ 页

级科目编号及名称 ___
级科目编号及名称 ___

| 年 | | 凭证 | | 摘要 | 对方科目 | 日页 | 借方金额 | | | | | | | | | | √ | 贷方金额 | | | | | | | | | | √ | 借或贷 | 余额 | | | | | | | | | | √ |
| 月 | 日 | 种类 | 号数 | | | | 十 | 亿 | 千 | 百 | 十 | 万 | 千 | 百 | 十 | 元 | 角 | 分 | | 十 | 亿 | 千 | 百 | 十 | 万 | 千 | 百 | 十 | 元 | 角 | 分 | | | 十 | 亿 | 千 | 百 | 十 | 万 | 千 | 百 | 十 | 元 | 角 | 分 |

明细账

级科目编号及名称 ____
级科目编号及名称 ____

年		凭证		摘要	对方科目	页	借方金额										√	贷方金额										√	借或贷	余额										√
月	日	种类	号数			日	十	亿	千	百	十	万	千	百	十	元	角	分	十	亿	千	百	十	万	千	百	十	元	角	分		十	亿	千	百	十	万	千	百	十	元	角	分

明细账

级科目编号及名称 ____
级科目编号及名称 ____

年		凭证		摘要	对方科目	页	借方金额										√	贷方金额										√	借或贷	余额										√
月	日	种类	号数			日	十	亿	千	百	十	万	千	百	十	元	角	分	十	亿	千	百	十	万	千	百	十	元	角	分		十	亿	千	百	十	万	千	百	十	元	角	分

明细账

级科目编号及名称 ___
级科目编号及名称 ___

年		凭证		摘要	对方科目	借方金额										√	贷方金额										√	借或贷	余额										√
月	日	种类	号数			十	亿	千	百	十	万	千	百	十	元	角	分	十	亿	千	百	十	万	千	百	十	元	角	分		十	亿	千	百	十	万	千	百	十	元	角	分

明细账

级科目编号及名称 ___
级科目编号及名称 ___

年		凭证		摘要	对方科目	借方金额										√	贷方金额										√	借或贷	余额										√
月	日	种类	号数			十	亿	千	百	十	万	千	百	十	元	角	分	十	亿	千	百	十	万	千	百	十	元	角	分		十	亿	千	百	十	万	千	百	十	元	角	分

明细账

总第___页 分第___页___
级科目编号及名称___
级科目编号及名称___

年		凭证		摘要	对方科目	日页	借方金额 十亿千百十万千百十元角分	√	贷方金额 十亿千百十万千百十元角分	借或贷	余额 十亿千百十万千百十元角分	√
月	日	种类	号数									

明细账

总第___页 分第___页___
级科目编号及名称___
级科目编号及名称___

年		凭证		摘要	对方科目	日页	借方金额 十亿千百十万千百十元角分	√	贷方金额 十亿千百十万千百十元角分	借或贷	余额 十亿千百十万千百十元角分	√
月	日	种类	号数									

明细账

总第　　页　分第　　页

级科目编号及名称　　　　

级科目编号及名称　　　　

年		凭证		摘要	对方科目	借方金额											√	贷方金额											√	借或贷	余额											√
月	日	种类	号数			十	亿	千	百	十	万	千	百	十	元	角	分		十	亿	千	百	十	万	千	百	十	元	角	分			十	亿	千	百	十	万	千	百	十	元	角	分	

明细账

总第　　页　分第　　页

级科目编号及名称　　　　

级科目编号及名称　　　　

年		凭证		摘要	对方科目	借方金额											√	贷方金额											√	借或贷	余额											√
月	日	种类	号数			十	亿	千	百	十	万	千	百	十	元	角	分		十	亿	千	百	十	万	千	百	十	元	角	分			十	亿	千	百	十	万	千	百	十	元	角	分	

243

明细账

级科目编号及名称＿＿＿＿＿＿
级科目编号及名称＿＿＿＿＿＿

年		凭证		摘要	对方科目	借方金额		贷方金额		借或贷	余额	
月	日	种类	号数			十亿千百十万千百十元角分	√	十亿千百十万千百十元角分	√		十亿千百十万千百十元角分	√

明细账

级科目编号及名称＿＿＿＿＿＿
级科目编号及名称＿＿＿＿＿＿

年		凭证		摘要	对方科目	借方金额		贷方金额		借或贷	余额	
月	日	种类	号数			十亿千百十万千百十元角分	√	十亿千百十万千百十元角分	√		十亿千百十万千百十元角分	√

明细账

级科目编号及名称 ____
级科目编号及名称 ____

年		凭证		摘要	对方科目	借方金额											√	贷方金额											√	借或贷	余额											√
月	日	种类	号数			十	亿	千	百	十	万	千	百	十	元	角	分	十	亿	千	百	十	万	千	百	十	元	角	分		十	亿	千	百	十	万	千	百	十	元	角	分

明细账

总第____页　分第____页

级科目编号及名称 ____
级科目编号及名称 ____

年		凭证		摘要	对方科目	借方金额											√	贷方金额											√	借或贷	余额											√
月	日	种类	号数			十	亿	千	百	十	万	千	百	十	元	角	分	十	亿	千	百	十	万	千	百	十	元	角	分		十	亿	千	百	十	万	千	百	十	元	角	分

明细账

总第 ___ 页　分第 ___ 页

___级科目编号及名称_____

___级科目编号及名称_____

年		凭证		摘要	对方科目	借方金额												√	贷方金额												√	借或贷	余额												√
月	日	种类	号数			十	亿	千	百	十	万	千	百	十	元	角	分		十	亿	千	百	十	万	千	百	十	元	角	分			十	亿	千	百	十	万	千	百	十	元	角	分	

明细账

总第 ___ 页　分第 ___ 页

___级科目编号及名称_____

___级科目编号及名称_____

年		凭证		摘要	对方科目	借方金额												√	贷方金额												√	借或贷	余额												√
月	日	种类	号数			十	亿	千	百	十	万	千	百	十	元	角	分		十	亿	千	百	十	万	千	百	十	元	角	分			十	亿	千	百	十	万	千	百	十	元	角	分	

明细账

总第 _____ 页 分第 _____ 页

一级科目编号及名称 _____

二级科目编号及名称 _____

年		凭证		摘要	对方科目	借方金额											√	贷方金额											√	借或贷	余额											√
月	日	种类	号数			十	亿	千	百	十	万	千	百	十	元	角	分		十	亿	千	百	十	万	千	百	十	元	角	分			十	亿	千	百	十	万	千	百	十	元	角	分	

明细账

总第 _____ 页 分第 _____ 页

一级科目编号及名称 _____

二级科目编号及名称 _____

年		凭证		摘要	对方科目	借方金额											√	贷方金额											√	借或贷	余额											√
月	日	种类	号数			十	亿	千	百	十	万	千	百	十	元	角	分		十	亿	千	百	十	万	千	百	十	元	角	分			十	亿	千	百	十	万	千	百	十	元	角	分	

明细账

总第 ___ 页 分第 ___ 页

级科目编号及名称 ___
级科目编号及名称 ___

年		凭证		摘要	对方科目	借方金额											√	贷方金额											√	借或贷	余额											√
月	日	种类	号数			十	亿	千	百	十	万	千	百	十	元	角	分	十	亿	千	百	十	万	千	百	十	元	角	分		十	亿	千	百	十	万	千	百	十	元	角	分

明细账

总第 ___ 页 分第 ___ 页

级科目编号及名称 ___
级科目编号及名称 ___

年		凭证		摘要	对方科目	借方金额											√	贷方金额											√	借或贷	余额											√
月	日	种类	号数			十	亿	千	百	十	万	千	百	十	元	角	分	十	亿	千	百	十	万	千	百	十	元	角	分		十	亿	千	百	十	万	千	百	十	元	角	分

248

明细账

级科目编号及名称 ___
级科目编号及名称 ___

年		凭证		摘要	对方科目	借方金额											√	贷方金额											√	借或贷	余额											√
月	日	种类	号数			十	亿	千	百	十	万	千	百	十	元	角	分	十	亿	千	百	十	万	千	百	十	元	角	分		十	亿	千	百	十	万	千	百	十	元	角	分

明细账

级科目编号及名称 ___
级科目编号及名称 ___

年		凭证		摘要	对方科目	借方金额											√	贷方金额											√	借或贷	余额											√
月	日	种类	号数			十	亿	千	百	十	万	千	百	十	元	角	分	十	亿	千	百	十	万	千	百	十	元	角	分		十	亿	千	百	十	万	千	百	十	元	角	分

总第　　页　分第　　页

级科目编号及名称　　

级科目编号及名称　　

明细账

年		凭证		摘要	对方科目	日页	借方金额		贷方金额		借或贷	余额	
月	日	种类	号数				十亿千百十万千百十元角分	√	十亿千百十万千百十元角分	√		十亿千百十万千百十元角分	√

总第　　页　分第　　页

级科目编号及名称　　

级科目编号及名称　　

明细账

年		凭证		摘要	对方科目	日页	借方金额		贷方金额		借或贷	余额	
月	日	种类	号数				十亿千百十万千百十元角分	√	十亿千百十万千百十元角分	√		十亿千百十万千百十元角分	√

明细账

级科目编号及名称 _____
级科目编号及名称 _____

年		凭证		摘要	对方科目	借方金额			贷方金额			借或贷	余额	
月	日	种类	号数			页 日	十亿千百十万千百十元角分 √		十亿千百十万千百十元角分 √			借 或 贷 √	十亿千百十万千百十元角分 √	

明细账

级科目编号及名称 _____
级科目编号及名称 _____

年		凭证		摘要	对方科目	借方金额	贷方金额	借或贷	余额
月	日	种类	号数			页 日 十亿千百十万千百十元角分 √	十亿千百十万千百十元角分 √	借 或 贷 √	十亿千百十万千百十元角分 √

明细账

总第 ___ 页　分第 ___ 页

级科目编号及名称 ___
级科目编号及名称 ___

年		凭证		摘要	对方科目	借方金额 十亿千百十万千百十元角分	贷方金额 十亿千百十万千百十元角分	借或贷	余额 十亿千百十万千百十元角分	√
月	日	种类	号数							

明细账

总第 ___ 页　分第 ___ 页

级科目编号及名称 ___
级科目编号及名称 ___

年		凭证		摘要	对方科目	借方金额 十亿千百十万千百十元角分	贷方金额 十亿千百十万千百十元角分	借或贷	余额 十亿千百十万千百十元角分	√
月	日	种类	号数							

明细账

级科目编号及名称　　　　　
级科目编号及名称　　　　　

年		凭证		摘　要	对方科目	日页	借方金额										√	贷方金额										√	借或贷	余　额										√
月	日	种类	号数				十	亿	千	百	十	万	千	百	十	元	角	分	十	亿	千	百	十	万	千	百	十	元	角	分		十	亿	千	百	十	万	千	百	十	元	角	分

明细账

级科目编号及名称　　　　　
级科目编号及名称　　　　　

年		凭证		摘　要	对方科目	日页	借方金额										√	贷方金额										√	借或贷	余　额										√
月	日	种类	号数				十	亿	千	百	十	万	千	百	十	元	角	分	十	亿	千	百	十	万	千	百	十	元	角	分		十	亿	千	百	十	万	千	百	十	元	角	分

明细账

级科目编号及名称 _____
级科目编号及名称 _____

年		凭证		摘要	对方科目	借方金额											√	贷方金额											借或贷	√	余额											√
月	日	种类	号数			十	亿	千	百	十	万	千	百	十	元	角	分		十	亿	千	百	十	万	千	百	十	元	角	分			十	亿	千	百	十	万	千	百	十	元	角	分	

明细账

总第 ___ 页 分第 ___ 页

级科目编号及名称 _____
级科目编号及名称 _____

年		凭证		摘要	对方科目	借方金额											√	贷方金额											借或贷	√	余额											√
月	日	种类	号数			十	亿	千	百	十	万	千	百	十	元	角	分		十	亿	千	百	十	万	千	百	十	元	角	分			十	亿	千	百	十	万	千	百	十	元	角	分	

材 料 采 购 明 细 账 目 录

编号	科目		起讫页码	编号	科目		起讫页码
	科	目			科	目	

材料采购明细账

总第＿＿页　分第＿＿页

＿＿级科目编号及名称＿＿

年		凭证		摘要	材料名称及规格	计量单位	数量	发票金额										运杂费										转出												余额												√
月	日	种类	号数					千	百	十	万	千	百	十	元	角	分	千	百	十	万	千	百	十	元	角	分	十	亿	千	百	十	万	千	百	十	元	角	分	十	亿	千	百	十	万	千	百	十	元	角	分	

材料采购明细账

总第＿＿页　分第＿＿页

＿＿级科目编号及名称＿＿

年		凭证		摘要	材料名称及规格	计量单位	数量	发票金额										运杂费										转出												余额												√
月	日	种类	号数					千	百	十	万	千	百	十	元	角	分	千	百	十	万	千	百	十	元	角	分	十	亿	千	百	十	万	千	百	十	元	角	分	十	亿	千	百	十	万	千	百	十	元	角	分	

材料采购明细账

级科目编号及名称 _____

年		凭证		摘要	材料名称及规格	计量单位	数量	发票金额										运杂费										转出													余额										√
月	日	种类	号数					千	百	十	万	千	百	十	元	角	分	千	百	十	万	千	百	十	元	角	分	千	百	十	亿	千	百	十	万	千	百	十	元	角	分	千	百	十	万	千	百	十	元	角	分	

材料采购明细账

级科目编号及名称 _____

年		凭证		摘要	材料名称及规格	计量单位	数量	发票金额										运杂费										转出													余额										√
月	日	种类	号数					千	百	十	万	千	百	十	元	角	分	千	百	十	万	千	百	十	元	角	分	千	百	十	亿	千	百	十	万	千	百	十	元	角	分	千	百	十	万	千	百	十	元	角	分	

数 量 金 额 式 明 细 账 目 录

编号	科目	起讫页码	编号	科目	起讫页码

明细账

＿＿级科目编号及名称＿＿

年		凭证		摘要	借方		金额		贷方		金额		结存		金额	
月	日	种类	号数		数量	单价	千百十万千百十元角分		数量	单价	千百十万千百十元角分		数量	单价	千百十万千百十元角分	

明细账

总第＿＿页　分第＿＿页

＿＿级科目编号及名称＿＿

年		凭证		摘要	借方		金额		贷方		金额		结存		金额	
月	日	种类	号数		数量	单价	千百十万千百十元角分		数量	单价	千百十万千百十元角分		数量	单价	千百十万千百十元角分	

明细账

级科目编号及名称 _____ 总第 _____ 页　分第 _____ 页

年		凭证		摘	借方											贷方											结存										
月	日	种类	号数	要	数量	单价	金额										数量	单价	金额									数量	单价	金额								
							千	百	十	万	千	百	十	元	角	分			千	百	十	万	千	百	十	元	角	分			千	百	十	万	千	百	十	元	角	分

明细账

级科目编号及名称 _____ 总第 _____ 页　分第 _____ 页

年		凭证		摘	借方											贷方											结存										
月	日	种类	号数	要	数量	单价	金额										数量	单价	金额									数量	单价	金额								
							千	百	十	万	千	百	十	元	角	分			千	百	十	万	千	百	十	元	角	分			千	百	十	万	千	百	十	元	角	分

明细账

总第 ___ 页 分第 ___ 页

级科目编号及名称 ___

| 年 | | 凭证 | | 摘要 | 借方 | | | 贷方 | | | 结存 | | |
月	日	种类	号数		数量	单价	金额（千 百 十 万 千 百 十 元 角 分）	数量	单价	金额（千 百 十 万 千 百 十 元 角 分）	数量	单价	金额（千 百 十 万 千 百 十 元 角 分）

明细账

总第 ___ 页 分第 ___ 页

级科目编号及名称 ___

| 年 | | 凭证 | | 摘要 | 借方 | | | 贷方 | | | 结存 | | |
月	日	种类	号数		数量	单价	金额（千 百 十 万 千 百 十 元 角 分）	数量	单价	金额（千 百 十 万 千 百 十 元 角 分）	数量	单价	金额（千 百 十 万 千 百 十 元 角 分）

明细账

总第 ___ 页 分第 ___ 页

___级科目编号及名称

年		凭证		摘要	借方			贷方			结存		
月	日	种类	号数		数量	单价	金额 千百十万千百十元角分	数量	单价	金额 千百十万千百十元角分	数量	单价	金额 千百十万千百十元角分

明细账

总第 ___ 页 分第 ___ 页

___级科目编号及名称

年		凭证		摘要	借方			贷方			结存		
月	日	种类	号数		数量	单价	金额 千百十万千百十元角分	数量	单价	金额 千百十万千百十元角分	数量	单价	金额 千百十万千百十元角分

262

多栏式明细账目录

编号	科目		起讫页码	编号	科目		起讫页码

生产成本明细分类账

级科目编号及名称　　　　　

年		凭证号数	摘要	借方发生额											明　细　项　目																																					
月	日														直接材料									直接动力									直接人工									制造费用														
				千	百	十	万	千	百	十	元	角	分	千	百	十	万	千	百	十	元	角	分	千	百	十	万	千	百	十	元	角	分	千	百	十	万	千	百	十	元	角	分	千	百	十	万	千	百	十	元	角	分	

264

生产成本明细分类账

级科目编号及名称 ___

年 月 日	凭证号数	摘要	借方发生额 千百十万千百十元角分	明 细 项 目			
				直接材料 千百十万千百十元角分	直接动力 千百十万千百十元角分	直接人工 千百十万千百十元角分	制造费用 千百十万千百十元角分

生产成本明细分类账

级科目编号及名称 _____

年		凭证号数	摘要	借方发生额	明 细 项 目			
月	日			千百十万千百十元角分	直接材料 千百十万千百十元角分	直接动力 千百十万千百十元角分	直接人工 千百十万千百十元角分	制造费用 千百十万千百十元角分

266

制造费用明细账

年		凭证号数	摘要	(借)方金额					合计
月	日			职工薪酬（百十万千百十元角分）	折旧摊销费（百十万千百十元角分）	办公费用（百十万千百十元角分）	水电费（百十万千百十元角分）	其他（百十万千百十元角分）	（百十万千百十元角分）

制造费用明细账

年		凭证号数	摘要	(借)方金额						合计	
月	日			职工薪酬 百十万千百十元角分	折旧摊销费 百十万千百十元角分	办公费用 百十万千百十元角分	水电费 百十万千百十元角分	其他 百十万千百十元角分		百十万千百十元角分	

268

销售费用明细账

年		凭证号数	摘要	(借) 方 金 额						合计
月	日			广告费	展览费	职工薪酬	水电费	其他		合计
				百十万千百十元角分	百十万千百十元角分	百十万千百十元角分	百十万千百十元角分	百十万千百十元角分		百十万千百十元角分

销售费用明细账

年 月 日	凭证号数	摘要	(借) 方 金 额						合计
			广告费	展览费	职工薪酬	水电费	其他		
			百十万千百十元角分	百十万千百十元角分	百十万千百十元角分	百十万千百十元角分	百十万千百十元角分		百十万千百十元角分

270

管理费用明细账

总第＿＿页　分第＿＿页

年 月 日	凭证号数	摘要	(借)方金额							合计
			差旅费	职工薪酬	办公费用	业务招待费	水电费	折旧摊销费	其他	
			百十万千百十元角分	百十万千百十元角分	百十万千百十元角分	百十万千百十元角分	百十万千百十元角分	百十万千百十元角分	百十万千百十元角分	百十万千百十元角分

271

管理费用明细账

年		凭证号数	摘要	(借)方金额							合计
月	日			差旅费	职工薪酬	办公费用	业务招待费	水电费	折旧摊销费	其他	
				百十万千百十元角分	万千百十元角分	千百十万千百十元角分	千百十万千百十元角分	千百十万千百十元角分	千百十万千百十元角分	千百十万千百十元角分	千百十万千百十元角分

财务费用明细账

总第　　页　分第　　页

年		凭证号数	摘要	(借) 方 金 额			合计
月	日			利息支出	利息收入	其他	
				百十万千百十元角分	百十万千百十元角分	百十万千百十元角分	百十万千百十元角分

273

财务费用明细账

总第＿＿页　分第＿＿页

年		凭证号数	摘要	（借）方金额					合计
月	日			利息支出	利息收入	其他			

（金额栏：百 十 万 千 百 十 元 角 分）

274

应交税费——应交增值税

年		凭证		摘要	借方				
月	日	种类	号数		进项税额	已交税费	减免税款	转出未交增值税	合计
					亿千百十万千百十元角分	亿千百十万千百十元角分	亿千百十万千百十元角分	亿千百十万千百十元角分	亿千百十万千百十元角分

增值税明细分类账

销项税额	进项税额转出	出口退税	转出多交增值税	合 计	借或贷	余 额
贷	方	贷	方			
千百十万千百十元角分	千百十万千百十元角分	千百十万千百十元角分	亿千百十万千百十元角分	亿千百十万千百十元角分		亿千百十万千百十元角分

276

应交税费——应交增值税

年		凭证		摘要	借方				合计
月	日	种类	号数		进项税额 亿千百十万千百十元角分	已交税费 亿千百十万千百十元角分	减免税款 亿千百十万千百十元角分	转出未交增值税 亿千百十万千百十元角分	合计 亿千百十万千百十元角分

277

增值税明细分类账

贷　方					借或贷	余　额
销项税额	进项税额转出	出口退税	转出多交增值税	合　计		
千百十万千百十元角分	千百十万千百十元角分	千百十万千百十元角分	千百十万千百十元角分	亿千百十万千百十元角分		亿千百十万千百十元角分

烟台蓝海机械有限公司

财务报表

会计档案	自　年　月　日至　　年　月　日止		
	册内共　页(张)	保管期限	
	金宗号　　　目录号	案卷号	

20____年度

科目汇总表

单位：烟台蓝海机械有限公司　　　　　　　年　月　日　　　　　　　字第　号

会计科目	账页	本期发生额		记账凭证起讫号
		借方	贷方	

科 目 汇 总 表

单位：烟台蓝海机械有限公司　　　　　　　　　年　月　日　　　　　　　　　字第　　号

| 会计科目 | 账页 | 本期发生额 | | 记账凭证起讫号 |
		借方	贷方	

科 目 汇 总 表

单位：烟台蓝海机械有限公司 　　　　　　　年　月　日 　　　　　　　字第　号

会计科目	账页	本期发生额		记账凭证起讫号
		借方	贷方	

资 产 负 债 表

编制单位：烟台蓝海机械有限公司　　　　　　20＿＿年12月31日　　　　　　　　　　　　单位：元

资　产	行次	期末余额	年初余额	负债和所有者权益（或股东权益）	行次	期末余额	年初余额
流动资产：				流动负债：			
货币资金				短期借款			
交易性金融资产				交易性金融负债			
衍生金融资产				衍生金融负债			
应收票据				应付票据			
应收账款				应付账款			
应收款项融资				预收款项			
预付款项				合同负债			
其他应收款				应付职工薪酬			
存货				应交税费			
一年内到期的非流动资产				其他应付款			
其他流动资产				一年内到期的非流动负债			
流动资产合计				其他流动负债			
非流动资产：				流动负债合计			
债权投资				非流动负债：			
其他债权投资				长期借款			
长期应收款				应付债券			
长期股权投资				其中：优先股			
其他权益工具投资				永续债			
其他非流动金融资产				长期应付款			
投资性房地产				预计负债			
固定资产				递延收益			
在建工程				递延所得税负债			
无形资产				其他非流动负债			
开发支出				非流动负债合计			
商誉				负债合计			
长期待摊费用				所有者权益（或股东权益）：			
递延所得税资产				实收资本（或股本）			
其他非流动资产				其他权益工具			
非流动资产合计				其中：优先股			
				永续债			
				资本公积			
				减：库存股			
				其他综合收益			
				专项储备			
				盈余公积			
				本年利润			
				未分配利润			
				所有者权益（或股东权益）合计			
资产总计				负债和所有者权益或（股东权益）总计			

利 润 表

编制单位：烟台蓝海机械有限公司 　　　　　　20__年12月 　　　　　　单位：元

项　　　目	行次	本月金额	本年累计金额
一、营业收入	1		
减：营业成本	2		
税金及附加	3		
销售费用	4		
管理费用	5		
研发费用	6		
财务费用	7		
其中：利息费用	8		
利息收入	9		
加：其他收益	10		
投资收益（损失以"-"号填列）	11		
其中：对联营企业和合营企业的投资收益	12		
公允价值变动收益（损失以"-"号填列）	13		
信用减值损失（损失以"-"号填列）	14		
资产减值损失（损失以"-"号填列）	15		
资产处置收益（损失以"-"号填列）	16		
二、营业利润（亏损以"-"号填列）	17		
加：营业外收入	18		
减：营业外支出	19		
三、利润总额（亏损以"-"号填列）	20		
减：所得税费用	21		
四、净利润（净亏损以"-"号填列）	22		
（一）持续经营净利润（净亏损以"-"号填列）	23		
（二）终止经营净利润（净亏损以"-"号填列）	24		
五、其他综合收益的税后净额	25		
六、综合收益总额	26		
七、每股收益：	27		
（一）基本每股收益	28		
（二）稀释每股收益	29		

现金流量表

编制单位：烟台蓝海机械有限公司　　　　　　　　20__年12月　　　　　　　　　　　单位：元

项　　目	行次	本月金额	本年累计金额
一、经营活动产生的现金流量：	1		
销售商品、提供劳务收到的现金	2		
收到的税费返还	3		
收到其他与经营活动有关的现金	4		
经营活动现金流入小计	5		
购买商品、接受劳务支付的现金	6		
支付给职工以及为职工支付的现金	7		
支付的各项税费	8		
支付其他与经营活动有关的现金	9		
经营活动现金流出小计	10		
经营活动产生的现金流量净额	11		
二、投资活动产生的现金流量：	12		
收回投资收到的现金	13		
取得投资收益收到的现金	14		
处置固定资产、无形资产和其他长期资产收回的现金净额	15		
处置子公司及其他营业单位收到的现金净额	16		
收到其他与投资活动有关的现金	17		
投资活动现金流入小计	18		
购建固定资产、无形资产和其他长期资产支付的现金	19		
投资支付的现金	20		
取得子公司及其他营业单位支付的现金净额	21		
支付其他与投资活动有关的现金	22		
投资活动现金流出小计	23		
投资活动产生的现金流量净额	24		
三、筹资活动产生的现金流量：	25		
吸收投资收到的现金	26		
取得借款收到的现金	27		
收到其他与筹资活动有关的现金	28		
筹资活动现金流入小计	29		
偿还债务支付的现金	30		
分配股利、利润或偿付利息支付的现金	31		
支付其他与筹资活动有关的现金	32		
筹资活动现金流出小计	33		
筹资活动产生的现金流量净额	34		
四、汇率变动对现金及现金等价物的影响	35		
五、现金及现金等价物净增加额	36		
加：期初现金及现金等价物余额	37		
六、期末现金及现金等价物余额	38		

所有者权益变动表

编制单位：烟台蓝海机械有限公司

20＿年度

单位：元

项　目	本 年 金 额					上 年 金 额				
	实收资本	资本公积	盈余公积	未分配利润	所有者权益合计	实收资本	资本公积	盈余公积	未分配利润	所有者权益合计
一、上年年末余额										
加：会计政策变更										
前期差错更正										
其他										
二、本年年初余额										
三、本年增减变动金额（减少以"－"号填列）										
（一）综合收益总额										
（二）所有者投入和减少资本										
1.所有者投入的普通股										
2.其他权益工具持有者投入资本										
3.股份支付计入所有者权益的金额										
4.其他										
（三）利润分配										
1.提取盈余公积										
2.对所有者（或股东）的分配										
3.其他										
（四）所有者权益内部结转										
1.资本公积转增资本（或股本）										
2.盈余公积转增资本（或股本）										
3.盈余公积弥补亏损										
4.其他										
四、本年年末余额										